Ludwig Ganghofer

Die stählerne Mauer

Reise zur deutschen Front, Zweiter Teil

Ludwig Ganghofer

Die stählerne Mauer
Reise zur deutschen Front, Zweiter Teil

ISBN/EAN: 9783337358129

Hergestellt in Europa, USA, Kanada, Australien, Japan

Cover: Foto ©ninafisch / pixelio.de

Weitere Bücher finden Sie auf **www.hansebooks.com**

Die stählerne Mauer

Reise zur deutschen Front 1915

Zweiter Teil

Von

Ludwig Ganghofer

1915

Verlag Ullstein & Co, Berlin / Wien

Alle Rechte, insbesondere das der Übersetzung, vorbehalten.
Amerikanisches Copyright 1915 by Ullstein & Co, Berlin.

1.

3. März 1915.

Es gibt Bilder, die sich dem in Erregung schauenden Auge so glühend einprägen, daß sie, wenn man die Lider schließt, immer wieder aus der Nacht heraustreten und in roten Linien die geschaute Wirklichkeit nachzeichnen. Ein solcher Nervenreiz, der auf der Netzhaut nicht mehr erlöschen will, ist für mich das Vernichtungsbild des Forts Boussois bei Maubeuge geworden.

Vor Wochen schilderte ich die Ruine, in die das Fort Les Ayvelles durch die deutschen Haubitzen verwandelt wurde. Dieses Bild der Zerstörung schien mir keiner Übertreibung mehr fähig. Aber was ich damals gesehen habe, verhält sich zum Untergangsbilde von Boussois wie ein Häuflein Glasscherben zum Trümmerfelde eines Bergsturzes.

Wenn ich an Maubeuge denke und die Augen schließe, erwachen zuerst die sinnlos durcheinandergewirrten Linien eines von einer Mörsergranate erzeugten Explosionsschachtes, der durch den hohen Erdwall trichterförmig hinunterstürzt in ein Festungsgewölbe und durch die darunterliegende Kasematte sich noch abwärts bohrt bis in den Keller. Der Schacht windet sich zickzackähnlich hin und her, als hätte ihn ein Blitzstrahl von der Dicke eines vielhundertjährigen Baumes ausgebrannt. Und wenn auch die Sonne eben hineinscheint in den weitausladenden Erdtrichter, so ist doch drunten in der Tiefe noch immer die schwarze Finsternis.

Ich bin über steile Felswände unserer Berge hinweg gestiegen und habe auf das winzige Spielzeug der Talwälder über tausend Meter tiefe Abstürze hinuntergeschaut, ohne daß ich ein Gefühl des Schwindels empfinden lernte. Aber hier, im zerstörten Fort Boussois, am Rande dieses nur zwölf oder vierzehn Meter tiefen Kamins, den der brüllende Kriegsteufel durch drei Stockwerke einer mit Soldaten vollgepfropften Festungskaserne hinunterschlug bis in das Kellerdunkel – hier befiel mich ein Schwindel des Grauens. Hier lernte ich verstehen, was mir immer unglaublich schien, wenn ich es erzählen hörte: daß eine solche Festung, gebaut, um einer Welt zu trotzen, sich nach einer Beschießung von wenigen Stunden ergab, und daß die noch Lebenden der Besatzung wie Wahnsinnige aus dem Tor herausrannten oder getaumelt kamen wie nach Atem Ringende, wie Erstickende. Der grauenvolle Anblick dieses Schachtes erläuterte mir auch ein Bild, das ich am folgenden Tage zu sehen bekam: das Bild des Krüppelsaales im Spital der französischen Schwerverwundeten zu Avesnes.

Ich wollte diesen Saal betreten. Aber nach dem ersten Schritt über die Schwelle mußte ich stehen bleiben – etwas Fürchterliches hatte mir an den Hals gegriffen. Gegen achtzig Betten. Und jedes Bett hatte seinen uniformierten Gast. Ein Gewirre bunter Farben. Infanteristen, Kanoniere und Reiter, Spahis und Turkos, Europäer und Afrikaner – aber unter ihnen kein einziger mehr, der ein ganzer Mensch war. Der eine ohne Beine, der andere ohne Arme, ein dritter mit halbem Gesicht. Einarmige und Einfüßige, mit Krücken und mit Stelzbeinen, mit umgeknickten Ärmeln und mit aufgebogenen Hosenschäften, mit Armstummeln, die keine Hand mehr hatten, und mit Beinstümpfen, die ohne Fuß waren. Bleiche Gesichter und braune und schwarze, Knaben und Männer. So saßen oder lagen sie auf ihren Betten, keiner bewegte sich, alle waren unbeweglich, stumm, mit trauervollen oder stumpf gewordenen Augen. Und dennoch schien es mir, als spräche aus allen Gesichtern eine heiße Erwartung, eine ungeduldige Sehnsucht. Bei ihnen war ein junger französischer Arzt, dessen ruhiges Benehmen und mildes Wesen mir sehr gefiel. Er sagte mir, daß diese achtzig reisefertig wären seit vier Tagen, und der Zug, der sie durch Deutschland nach Genf bringen sollte, stünde seit vier Tagen zur Abfahrt bereit; aber die Einwilligung der französischen Regierung zum Austausch der Kriegsuntauglichen käme nicht, noch immer nicht. »Das Warten wird ihnen schwerer mit jeder Stunde.«

Schweigend hatte ich dieses martervolle Bild betrachtet, schweigend die Worte des Arztes angehört. Meine Gedanken sahen den Jammer, der diese Sehnsüchtigen in ihrer Heimat erwartet. Und aus meiner Kehle preßten sich die Worte heraus: »Das wird keine schöne Reise!« Erst sah mich der Arzt ein bißchen verwundert an – als hätte ich so mangelhaft Französisch gesprochen, daß er mich nicht verstehen konnte. Dann nickte er ernst und sagte: »Sie haben recht! Keine schöne Reise, das!«

Als ich aus dem kühlen stillen Saal hinausgetreten war in die Sonne, blieb ich stehen, schloß die Augen – und sah wieder den Granatentrichter des vernichteten Forts von Boussois. Man versteht das Bild des französischen Krüppelsaals von Avesnes, wenn man das erschütternde Vernichtungsgemälde von Maubeuge gesehen hat. Wie viele Stummgewordene, wie viele Beine und Arme und formlose Menschenreste mögen unter diesen Bergen von Trümmern noch begraben liegen? Sie bleiben, wo sie sind; es geht ihnen wie den Kanonen des Panzerturms. Ihm hat eine deutsche Granate die aus Stahl und Eisenbeton erbaute Decke zerdrückt, als wär's nur die Schale einer Krachmandel gewesen! Im Innern des Turmes ist das viele Eisenwerk der Geschützmaschinerie zu so irrsinnig verschnörkelten Klammern und Polypenformen ineinander gepreßt, daß man die zwei eingequetschten Kanonen nicht mehr herauszubringen vermochte; sie liegen und hängen noch immer da und strecken aus dem konfusen Stahlknäuel ihre schon mit Rost und Grünspan behangenen Mündungen heraus, gleich den aufgerissenen Mäulern verschmachteter Riesenfische. Und wohin man sonst noch blickt, alles ist ein Gewirr von Eisenfetzen und Mauerbrocken, von Schutt und Trümmern, von unbegreiflich zerrissenen Erdformen. Und alles ist öd und menschenleer, alles trostlos ineinandergeschmolzen zur schauerlichen Todesmaske eines Unterganges, der keine Auferstehung mehr erleben wird. Noch kommende Jahrhunderte werden sagen: »So wirkten die deutschen Waffen!«

Solche Waffen besaßen wir und erhoben sie nie und lebten mit allen Völkern in redlichem Frieden. Nun, da fremde Eifersucht auf die Blüte des deutschen Lebens uns zwang zu diesem Kriege, nun sollen unsere Feinde auch die gigantische Gewalt der deutschen Waffen verkosten an ihrem Gut und Blut! Die Zerstörungsbilder, die ich sehe, erfüllen mich mit Grauen und Schreck. Aber ich bin ohne Mitleid. Warum ließ man uns nicht in Ruhe?

Übrigens, bei Maubeuge ist auch eine Trümmerstätte zu sehen, die nicht von der Wirkung deutscher Waffen herrührt: das Schuttfeld der Munitionsmagazine, deren Sprengung durch die Engländer veranlaßt wurde, als die Franzosen das weiße Fähnchen aufziehen mußten. Frankreichs zärtliche Verbündete benahmen sich da nicht sonderlich rücksichtsvoll gegen die französische Bevölkerung. Englische Offiziere ließen die gewaltige Sprengung vornehmen, ohne die Einwohnerschaft des umliegenden Stadtteils vorher zu verständigen. Viele Häuser wurden unter dem Luftdruck der Explosion zu Ruinen ineinandergerüttelt; und Steintrümmer, so groß wie erratische Blöcke, flogen als Zermalmungsgeschosse durch die Hausmauern und durch alle Stockwerke der von Menschen, von Frauen und Kindern bewohnten Gebäude.

An die Trümmerberge dieses großen Massengrabes mußte ich denken, als ich gestern im Lazarett zu Lille die ersten Engländer sah, denen ich auf meiner Frontreise begegnete. Dank der deutschen Pflege, die sie genossen, erfreuten sie sich schon wieder eines sehr gesunden Aussehens. Von ihnen erregten zwei meine kulturelle Aufmerksamkeit. Während die halbgenesenen Franzosen sich dienstwillig mit ihren noch leidenden Kameraden beschäftigten, überwacht von einem jungen französischen Arzte, der sehr höflich war und einen netten Eindruck machte, saßen die beiden Engländer abgesondert und teilnahmslos auf den besten Plätzen beim warmen Ofen. Der eine las – vermutlich einen von Englands schmachtenden Romanen –, der andere rauchte und spuckte. Als mein Führer die beiden ansprach, benahmen sie sich sehr mißlaunig und ungezogen. Das war nicht der Stolz eines Feindes, es war nur Mangel an guter Sitte, nur Flegelei. – Möglich, daß es meinem Urteil an gerechter Objektivität gebrach; denn während ich die zwei kratzborstigen Sprößlinge des britischen Leuen betrachtete, empfand ich selbst auf meiner Schattenseite ein Gefühl, als hätte sich zwischen meinem Nacken und der tiefer liegenden Gegend jedes kleinste Härchen gesträubt, das ich da hinten zu besitzen scheine. Dieser unangenehme Aufbäumungsreiz beschwichtigte sich erst, als ich den Söhnen des »zivilisierten Albions« den deutschen Rücken zudrehte und wieder leidende Menschen sah.

Unter den Lazarettpfleglingen befanden sich auch vier Indier, die gerade jetzt, nach dem unerquicklichen Nachgeschmack des Englischen, in mir ein erhöhtes

Interesse wachriefen, das stark mit Vorurteil und Mißtrauen gesprenkelt war. Man pflegt doch zu sagen: »Wie der Herr, so seine Knechte!« Aber da kam eine seltsame Überraschung.

Der erste, den ich sah – er war schon außer Bett, trug aber noch den Kopfverband, die deutsche Kugel hatte ihm den Backenknochen durchbohrt und war hinter dem Ohr wieder herausgeflogen –, dieser erste war einer von jenen »wilden, grausamen, tigergleichen, riesenhaft gewachsenen« Gurkhas, von denen die französischen Zeitungen verkündeten, daß sie uns Deutsche so unbarmherzig in der Luft zerreißen würden, wie es der Teufel mit den armen Seelen macht. Gallischer Hoffnungstraum! Geträumt von einem Enkel des Tartarin von Tarascon! Denn der tatsächliche Gurkha, der da lächelnd vor mir stand, war ein kleines, gutmütig-freundliches, knabenhaft-zierliches Männlein, in Farbe und Gestalt eine Mischung von Japaner und Negerchen; er hörte die Fragen, die der Dolmetsch *Dr.* Walter an ihn richtete, aufmerksam an, beantwortete sie gern und hatte in den Augen stets eine Schimmersprache, die zu sagen schien: »Seid mir gut, ich denke nichts Böses.« Sein Kamerad, auch schon außer Bett, war ein arischer Mohammedaner aus dem Himalajagebiet, gut gewachsen, grobknochig, mit heiterem Breitgesicht, von so schwacher asiatischer Couleur, daß er bei uns in Tegernsee oder Lenggries hinter der Zither oder bei der Schmarrenpfanne sitzen könnte.

Der dritte Indier, wieder so ein »wilder blutdürstiger Gurkha«, lag noch an einer schweren Verwundung durch Bombensplitter; er ließ nur das abgezehrte Gesicht und die braunen Finger mit den weißen Nägeln aus der Bettdecke herausgucken; in der Hagerkeit seines Kopfes und im ekstatischen Blick der nußbraunen Augen, die, obwohl der Mann ohne Fieber war, einen fast überirdischen Glanz hatten, glich er einem indischen Büßer; er sprach demütig, hatte eine suchende Angst in der ruhelosen heißen Fackel seines Blickes; und wenn er sich für die freundlichen Zusicherungen des Missionars bedankte, war in der rudernden Geste seiner mit den Spitzen aneinandergelegten Finger immer der Ausdruck einer inbrünstigen Bitte.

Von seinem Bette gingen wir zu einem Sikh hinüber, der nach lebensgefährlicher Malaria zu genesen begann. Ein wundervoller Rassekopf mit blauschwarzem Vollbart, die Stirne mit dem sorgfältig geknoteten Kriegertuch umwunden. Der Mann schien den Dolmetsch zu lieben; als wir an das Bett traten, glänzte eine schöne, fast zärtliche Freude in den Augen des Indiers. Er hatte geglaubt, in der Fremde sterben zu müssen, ferne von seiner Heimat, und wußte nun, daß er leben und die Ufer des heiligen Stromes wiedersehen würde. Der neu erwachende Lebensglaube erhöhte noch die angeborene Vornehmheit, die aus jedem Wortklang und aus jeder Geste dieses Sikhs herausredete. Sikh – der Laut bedeutet nicht einen Volksstamm, er bedeutet: Schüler, Anhänger einer religiösen Überzeugung, in der sich Mohammedanismus mit überwiegendem Buddhismus vermischt. Ehe wir gingen, hielt der glanzäugige Krieger lange meine Hand umschlossen und nickte mir herzlich zu. Und jener lächelnde, gutmütige Himalajasohn, der einem Tegernseer ähnelte, begleitete uns bis zum Tor des Lazaretts.

Zehn andere Indier, schon völlig genesen, fanden wir an einem sonderbaren, von ihnen selbst gewählten Aufenthalt; in einer ehemaligen Unteroffizierswaschküche der Zitadelle von Lille. Sie hatten diesen Ort gewählt, weil sie hier in Einsamkeit leben konnten, weil der Herd und sein Waschkessel es ihnen ermöglichte, ihre Nahrung nach rituellen Vorschriften zu bereiten, und weil sie hier von allem geschieden waren, was ihnen nach den Satzungen ihres Glaubens als unrein gilt.

Auf dem Weg zur Zitadelle erfuhr ich manches über ihre Art, sich zu geben. Sie sind ehrlich in Werk und Wort. Alles Tatsächliche ist von ihnen zu erfragen; Urteile über die Vorgänge des Krieges und ihre innersten Meinungen sprechen sie nicht aus. Man mußte erraten, daß es ihr Wunsch ist: nach dem Friedensschlusse nicht mehr an die Engländer ausgeliefert zu werden. Heimweh in unserem Sinne scheinen sie nicht zu kennen; sie haben nur den Wunsch, noch einmal im Leben eine Wallfahrt zu ihrem Lieblingstempel machen zu dürfen.

Ein stubengroßer Raum, die Decke weiß getüncht, die Wände mit schwarzer Teerfarbe übermalt. Zehn kraftvolle Gestalten erhoben sich höflich und begrüßten uns. Alle waren gleichmäßig in das Graubraun der indischen Felduniform gekleidet, ein paar mit wollenen Mützen, andere mit dem turbanartigen Kopftuch des Kriegers, und einer mit einem deutschen Liebesgabenkopfschlauch, der, mit der Gesichtsöffnung über den Hinterkopf gestülpt, sehr wunderlich gerollt war und viel orientalischer aussah als die echten Kopfbedeckungen der anderen. Allen gemeinsam war der Feuerglanz der herrlichen, frauenhaften Augen und das weiße Elfenbeinblitzen des festen, tadellosen Gebisses in dem braunen, fast immer heiteren Gesicht – allen gemeinsam auch eine liebenswürdige, noble Gelassenheit, ein zutraulicher Frohsinn und der natürliche Adel einer alten Menschenrasse, an der keine Spuren von Degeneration, nur entwicklungsfähige Eigenschaften zu bemerken sind, die zum Glauben an einen Aufstieg dieses Volkes berechtigen. In ihrer äußeren Erscheinung waren sie sehr verschieden. Einer, von jenem mongolischen Typus, der auch Schönheit in unserem Sinne besitzt, hatte einen Jünglingskopf von so klassischem Oval und mit so streng gezeichnetem Schwarzbärtchen, daß ich immer an den Märchenprinzen Kalaf denken mußte. Ein zweiter erinnerte an jene delikaten persischen Miniaturen aus der Zeit, in der das Heldenbuch des Firdusi geschrieben wurde. Ein anderer, schon fünfzigjährig, mit einem kurzgestutzten schneeweißen Vollbart, der Sprößling einer alten Unteroffiziersfamilie der indischen Armee, war von derberem Volksschlag, dabei so ruhig, selbstbewußt und abgeklärt, daß man ihn als einen Bruder von Anzengrubers Steinklopferhans hätte nehmen können. Einer, mit phantastisch geformtem Schwarzbart und mit üppig gezopfter, aus dem Kriegertuch hervorquellender Haarfülle, hatte im Aussehen wirklich etwas Asiatisch-Wildes – und war dabei von allen der gutmütigste und freundlichste. Und einer, größer als ich, ein junger schlanker Sikh, war von geradezu verblüffender männlicher Schönheit – war, was man ein Fressen für einen Maler oder Bildhauer nennt – und gab sich so bescheiden, hatte eine so reizvoll verlegene Schüchternheit wie ein Mädchen mit zartbesaiteter Seele.

Die Indier standen mit verschränkten Armen oder saßen mit gekreuzten Beinen um das sehr heiße Herdchen herum, an dessen glühenden Kohlen sie Obst und Kartoffeln brieten. Der Dolmetsch stellte mich ihnen – (jetzt dürfen meine Leser nicht lachen!) – als einen »Weisen meiner Heimat«, als einen Brahmanen des deutschen Volkes vor. Gleich nahm einer von den Indiern, auch ein Brahmane, die charakteristische Buddhastellung ein, erhob den Zeigefinger der linken Hand und überreichte mir, seinem fremdländischen Kastenbruder, mit würdevoller Freundlichkeit als Gastgeschenk eine deutsche Liebesgabenzigarre. Ich bot zum Gegengeschenk mein Zigarrenetui herum. Rauchend saßen wir um den schwelenden Herd, der mich schwitzen machte, und der Dolmetsch begann die Unterhaltung. Als ich das Alter des fünfzigjährigen Weißbartes erfahren hatte – ich glaubte jünger auszusehen als er –, ließ ich ihn fragen, für wie alt er mich hielte. Er betrachtete mich aufmerksam und sagte: »Gegen dich bin ich ein Jüngling, du bist zehn Jahre älter als ich.« Da das letztere stimmte, konnte ich gegen das erstere nichts einwenden.

Bei dem Verhör, das nach ihrer Einbringung mit ihnen vorgenommen worden war, hatten sie übereinstimmend ausgesagt: sie wären eingeschifft worden, ohne den Zweck und das Ziel der Reise zu kennen; während der Fahrt erfuhren sie, man hätte sie in Ägypten nötig; dann hieß es, die Reise ginge nach Malta; und im Mittelländischen Meer sagte man ihnen, daß England von den Deutschen in hinterlistiger und treuloser Weise mit Krieg überfallen worden wäre, und daß sie als redliche Söhne Indiens der Mutter Britannia tapfer beispringen müßten. Und jeder müsse sich hüten, lebendig in die Hände der Deutschen zu geraten, denn die Deutschen martern die gefangenen Feinde, zwingen sie, Schweinefleisch und andere unreine Dinge zu essen, stechen ihnen die Adern auf und schneiden ihnen die Hälse ab. Um sich vor solchem Schicksal zu bewahren, hatten sie gekämpft bis zum Versagen ihrer Kräfte, mit Messer und Zähnen. Die Wahrheit, die sie bei der sorgfältigen Pflege der deutschen Ärzte erkannten, hatte in ihnen ein frohes Staunen geweckt, hatte sie heiter, zutraulich und vertrauensvoll gemacht. Ich ließ sie fragen, wie sie jetzt über die Mutter Britannia dächten? Die Indier schweigen. Unter allen guten und liebenswürdigen Zügen, die ich an ihnen beobachtet hatte, gefiel mir dieses vornehme Schweigen am besten. Dann sagte der schöne junge Sikh, mit einer heißen Erregung im braunen Gesicht: »Wir haben den Fahneneid geschworen.«

Beim Abschied reichte mir jeder freundlich die Hand. Und was ich in der Waschküche der Zitadelle von Lille erlebt hatte, gab mir zu denken. Läßt sich von den zehn Männern, die ich da kennen lernte, ein Schluß auf die menschlichen

Werte der Millionen ihrer Brüder ziehen, so sind die Indier ein Volk, dem eine bessere, eine freie Zukunft kommen wird und kommen muß.

Als ich von der stillen Zitadelle dem Lärm der Stadt entgegenwanderte, hörte ich aus der nördlichen Ferne den Donner englischer Geschütze. Das war ein Geräusch von unanzweifelbarem Wahrheitscharakter. Man muß gerechterweise zugeben: wenn die Engländer ihre Kanonen reden lassen, lügen sie n i ch t! Vielleicht kommt das von der Tatsache, daß sie in großen Quantitäten neutrales Pulver beziehen.

An einem der nächsten Tage werde ich bei Hollebeke und Ypern ihre Stellungen sehen. Und heute erfuhr ich noch, daß der englische General einer indischen Brigade, als von deutschen Flugzeugen die Verkündigung des Heiligen Krieges herabgeflattert war, an die mohammedanischen Indier seiner Truppe einen Tagesbefehl des Inhalts erließ: »Es gibt keinen Heiligen Krieg. Die Deutschen sind Betrüger und Lügner. Ihr werdet mit Verachtung auf sie herabsehen, wie der Kluge auf den Dummen!«

Ob dieser wahrheitsliebende General nicht eine Nachblüte des edlen Sir John Falstaff ist, der in England nach glaubwürdigem Zeugnis viele, viele Kinder seines Geistes hinterließ?

2.

8. März 1915.

Lille ist eine schmucke Stadt, obwohl sie gegenwärtig mit etwas forcierten Kontrasten wirken muß: neben dem Prunkbau der neuen Oper liegt das Trümmergewirre eines völlig zusammengeschossenen und niedergebrannten Häuserviertels. Das Liller Leben hat sich vom Schreck schon erholt und flutet lärmend an diesen Schuttstätten vorüber. An einer Straßenecke sah ich einen Menschenauflauf und hörte Witzworte, die bei den Franzosen lautes Gelächter weckten. Ein Maueranschlag – die Übersetzung des deutschen militärischen Tagesberichtes – verkündete den Lillern die Niederlage der Franzosen in der Champagne. »Deutsche Lügen, natürlich!« So gehirnschwächlich sind die Liller nicht, um so was zu glauben! Nichts glauben sie, gar nichts, wenn es von den Deutschen kommt. Aber wenn sie zuweilen eine eingeschmuggelte Nummer des »Matin« oder »Temps« erwischen, dann wird sie hundertmal abgeschrieben, und man kolportiert in Lille dieses verläßliche Evangelium der historischen Tatsachen um zwei und drei Franken pro Exemplar.

Erbitterte Feinde? Nein! Das sind törichte, unzurechnungsfähige Kinder, die man mit einiger Nachsicht beurteilen muß – aber nicht mit Nachlaß der Taxen. Denn manchmal gewinnen die Unüberlegtheiten der Liller ein bedenkliches Aussehen. In ihrem athletenhaften gallischen

Optimismus prophezeiten sie seit Monaten in jeder Woche für irgendeinen Tag einen großen Angriff und Sieg der Franzosen, den Entsatz ihrer Stadt und die Verjagung der Deutschen. Auch für den 3. März lief in Lille eine solche Prophezeiung um. Sie erfüllte sich auch, nur mit vertauschten Rollen. Die Deutschen griffen an, eroberten bei Arras mehrere Schützengräben und machten gegen sechshundert Gefangene. Sie wurden durch die Straßen von Lille zum Bahnhof geführt, um Deutschland zu bereisen. Die Liller verwechselten Niederlage und Sieg, umjubelten, beschenkten und küßten die Gefangenen, zeigten die französischen Farben und riefen: »*Vive la France!*« Viele, die sich beim Anblick einiger hundert Rothosen der starken deutschen Besatzung von Lille nicht mehr erinnerten, riefen auch: »*À bas l'Allemagne!*« Ich besorge, das wird ihnen Kosten verursachen.

Mit eigenen Augen hab' ich diese Begriffsverwirrung der Liller nicht gesehen. Ich war am Abend des 3. März nach Süden davongefahren, über Douai gegen Bapaume. In einem fast völlig in Trümmer geschossenen Dorfe und unter einem von Granaten durchlöcherten Dache kam ein warmer, gemütlicher Abend im Kreise preußischer Offiziere. Man plauderte von der Heimat, bekam das Gefühl, daß man heimatlich beisammen wäre, und vergaß für ein paar fröhliche Stunden aller Schatten des Krieges, obwohl man immer das Gebrumm der Kanonen hörte. Nach kurzer Nachtruhe in einem Bauernstübchen, darin jede Wand und jedes Möbelstück vom Einschlag der Schrapnellkugeln getüpfelt war, ging es um sechs Uhr morgens hinaus in die graue Dämmerung, deren verziehende Nebel einen schönen Tag zu verheißen schienen.

Zerstörung und Vernichtung zu beiden Seiten unseres Weges. Die Straße selbst ist zerrissen von Granatenlöchern. Und die Alleebäume sind zersplitterte Stümpfe. Jetzt kommt ein Dorf – nein, nur eine Sache, die so aussieht, als wär' das einmal ein schönes und reiches Dorf gewesen! Nicht die deutschen, sondern die französischen Geschütze haben diese Verwüstung angerichtet. Es steht keine ganze Mauer und kein Dach mehr. Unsere Reserven wohnen da in den Kellerlöchern; die Schuttberge, die über den Gewölben liegen, sind ihr Granatenschutz.

Noch umhüllen die Schleier des frühen Morgens diese sprachlose Heimat des Schreckens; der Frühwind, wenn er stärker strömt, trägt aus den öden, von Steinbrocken übersäten Gärten und aus einem Gewirre zersplitterter Obstbäume den Übelduft der Verwesung her. Und manchmal sieht man hinter diesen Hecken einen formlosen Klumpen liegen, der früher einmal ein Pferd oder eine Kuh gewesen.

Der Ausgang der Dorfstraße ist im Zickzack mit Barrikaden gesperrt, die aus Lehmsäcken, Karrenfragmenten, Eggen, Pflugscharen, Mähmaschinen, Hausgerät und Wagenrädern gebaut sind. Aus allen Mauerresten der eingestürzten Häuser lugen die Schießscharten wie starre, schwarze Augen heraus, und gleich den Werken einer im Gehirne von Wahnsinnigen entsprungenen Gartenkunst erhebt und verschlingt sich das Wirrsal der Drahthindernisse und zieht sich in unbegreiflichen Formen gegen die Felder hin. Noch hört man keinen Kanonenschuß, nur jenes schlummerlose Gewehrgeknatter, das nicht Kampf ist, sondern Wachsamkeit – es ist wie das Ticken von vielen großen Uhren; jede will ihre Pflicht tun, keine will stehen bleiben.

Der Schützengraben, in den wir hinter einem Wall von Sandsäcken mit geduckten Köpfen hinuntersteigen – der Oberst von Z., der mich führt, und der sich bei der Eroberung dieses zum Schutthaufen gewordenen Dorfes das

Eiserne Kreuz erster Klasse holte, ist so hochgewachsen, daß er jetzt zwei Stunden lang immer den Nacken beugen muß – dieser Schützengraben gleicht den anderen, die ich schon gesehen habe, und dennoch hat auch er wieder sein eigenes Gesicht. Er ist besetzt mit Feldgrauen aus der preußischen Provinz Sachsen, mit Magdeburgern und Hallensern. Das Aussehen dieser Mannschaften ist ebenso gesund und frisch, wie ich es bei den munteren Lehmfischen gefunden, von denen ich schon erzählte; und nicht minder heiter sind sie, nur ist die Art ihres heimatlichen Humors eine anders gefärbte, ist stiller, im Worte sparsamer, knapper im Ton. Auch hier die gleiche deutsche Soldatensehnsucht, dieses Leben im wässerigen Brei erträglicher zu machen, ihm ein bißchen Schönheit zu geben. Ein Unteroffizier – in seinem Zivilstand ist er Berufsjäger – hat sich mitten im Schlamm aus Backsteinen ein sauber gefügtes Hüttchen gebaut und hat es »Schloß Hubertus« getauft. Nette Kapellchen sind in die Lehmwände eingenistet, und die dem Feinde abgewendeten Ränder des Schützengrabens sind mit frischem Grün bepflanzt, mit Buchs, Efeu und Schneeglöckchen, von denen einzelne Stücke schon zu blühen beginnen. Man fühlt: dieser freundliche Schmuck der deutschen Kampfstätten wächst aus ruhigem Glauben an das Leben heraus und kommt aus unverwüstlicher Frühlingshoffnung, aus zuversichtlichem Erharren des deutschen Sieges!

Auch hier wieder die Kontraste der pietätvoll gezierten deutschen Soldatengräber und der in Regen und Sonne verwesenden Franzosenleichen, die, unbeerdigt, von ihrer Heimat festgehalten, aber von ihrem Volk verlassen, als zermürbte Mißform zwischen den Schützengräben liegen. Ein junger Offizier, der mir von einer harten, aber siegreichen Sturmnacht berichtet, zeigt mir in einer von Streifschüssen durchfächerten Wiesenmulde viele von diesen blaubraunen, schon nimmer menschenähnlichen Klumpen, deutet auf den uns zunächst liegenden und sagt: »Als alle, die den Angriff gegen uns versuchten, schon gefallen waren, ist der noch wie ein Baum bis zuletzt gestanden. Es war ein Jammer, daß wir den braven Kerl haben totmachen müssen.« Um seiner Tapferkeit willen versuchten es die Deutschen, ihn zu begraben – die Franzosen ließen es nicht geschehen; sie schossen. –

Der Morgenhimmel hat sich geklärt. Es ist hell geworden und die Sonne kommt. Ihre warme, goldene Riesenhand streichelt zärtlich über die kahlen Felder hin, die wie leblos erscheinen, obwohl hinter ihren Erdrunzeln der Herzschlag eines tausendfältigen Lebens hämmert – und zärtlich streichelt das wachsende Sonnenlicht die Köpfe unserer Feldgrauen bei den Schießscharten, streichelt aber auch ebenso zärtlich die nur noch schwach an Menschen erinnernden Klumpen, die unbeweglich da draußen liegen auf dem goldfarbenen Acker und die warme Liebkosung der ewigen Lebensmutter nimmer fühlen. Eine große, bewundernswerte Philosophin ist sie, in ihrem Glanz da droben! Ohne Unterschiede zu machen, sieht sie alle Dinge der Erde barmherzig und hilfreich an, Freund und Feind ist für sie nur ein einziges Wort! – Und wir Menschen? Was tun wir um einiger Buchstaben willen? –

Immer lebhafter knallen die Gewehrschüsse über die unabsehbare Zeile der Schützengräben hin. Inmitten dieses harten Geknatters hört man von der nur hundertfünfzig Meter entfernten feindlichen Stellung ein kurzes, wirres Geschrei. Hat eine deutsche Kugel da drüben einen Stahlschild durchbohrt? Ist sie durch eine Scharte geflogen, aus der ein feindliches Auge spähte? Fiel da drüben einer? Das sind Gedanken, die nicht ausgesprochen werden. Niemand stellt eine Frage; so braucht auch keiner zu antworten. Die Schüsse knallen, immerzu, immerzu. Es scheint, als wäre das stählerne Geklapper ein bißchen schneller geworden. Nun verzögert es sich wieder. Und linde Sonnenstrahlen schmeicheln sich in die kühle Feuchtigkeit des Grabens herein, dessen Lehmwände fein zu dampfen beginnen.

Da klingen menschliche Stimmen – ganz deutlich hört man's über die hundertfünfzig Meter herüber – fünf oder sechs Männerstimmen zählen unisono: »*Un, deux, trois!*« – das letzte Wort hat einen stärkeren Klang – und dann rollt über den feindlichen Erdwall ein dunkelblauer Klumpen herüber, sieht aus wie ein Mensch mit schlaffen Armen und Beinen, kollert gegen den Acker hin und bleibt da liegen wie ein Pfahl, der von einem Soldatenmantel umwickelt ist.

Das haben viele von den Unseren gesehen. Und nicht nur dieses eine Mal! Ich kann's nicht begreifen – seit ich die Fürsorge französischer Ärzte für die ihrer Pflege anvertrauten Verwundeten gesehen habe, versteh ich diese Pietätlosigkeit der französischen Soldaten gegen ihre gefallenen Kameraden noch weniger als zuvor.

Während ich durch den Schützengraben hinwandere, begleitet von dem harten Geknatter, klingen immer wieder diese drei schrecklichen Worte in mir nach: »*Un, deux, trois!*« Um sie auszulöschen, erwecke ich gegensätzliche Bilder in mir und erinnere mich jeder Freundlichkeit, die ich von der einheimischen Bevölkerung hier erfahren habe, erinnere mich jedes gefälligen Zuges, den ich an ihnen wahrgenommen. Noch in jedem Quartier, das ich, seit meinem ersten Schritt über die Grenze, hier auf französischem Boden bewohnte, fand ich gute Aufnahme, vielleicht nicht immer ehrliche Worte, aber doch immer ehrliche und liebenswürdige Dienstwilligkeit. Hier in Lille, im Haus einer alten französischen Dame, hab' ich auch herzliche Güte gefunden. Als ich zwei Tage lang mit einem

Schützengraben-Rheumatismus die Stube hüten mußte, wurde ich von den Hausleuten mit wahrhaft rührender Aufmerksamkeit gepflegt. Zwanzigmal des Tages kam die gute alte Frau, um zu fragen, ob ich einen Wunsch hätte, oder um nachzusehen, ob das Fenster gut geschlossen und das Kaminfeuer in behaglichem Brand wäre. Und die Söhne solcher Mütter zählen im französischen Schützengraben: »*Un, deux, trois!*« Wie soll man's verstehen? Man wird da, im Quartier und Feld, bei der Beurteilung des französischen Volkes immer hin und her geworfen zwischen freundlichem Glauben und hartem Groll, zwischen wühlendem Zorn und herzlichem Empfinden. Wer sagt mir, was da das Richtige ist? Ich weiß es nicht. Wie schwer es ist, gerecht zu sein, das wußte ich zeit meines Lebens. Jetzt, hier in Frankreich, bei allem Wechsel und Gewirre von dunklen und hellen Bildern, beginne ich fast zu glauben, daß Gerechtigkeit im reinsten Sinne des Wortes eine der menschlichen Natur versagte Eigenschaft ist. Was wir Gerechtigkeit nennen, ist ein Zwitterkind von Haß und Liebe, wenn diese beiden einander die Wagschale halten.

Wahrhaft gerecht ist nur die Sonne.

Schön und strahlend, die lächelnde Mutter eines klaren, eines wundervoll milden Frühlingsmorgens, steigt sie über den blauen, wolkenlosen Himmel empor. Wolkenlos? Nein! Überall puffen schon wieder die kleinen weißen Himmelsschäflein der Schrapnellgeschosse auf, die hinter einem Flieger hertasten. Immer dröhnt und knattert es. Auch die gröberen Kaliber der feindlichen Geschütze rühren sich – es ist halb neun Uhr vorüber, die Franzosen haben gefrühstückt – und immer näher brüllen die Granatenschläge. Aber alle die zerrissenen Bäume und Hecken des gestorbenen Dorfes funkeln von Sonne, um alle Ruinenzähne und Dachstumpen webt sich ein feines Geglitzer, und wo die verwesenden Viehkadaver liegen und auseinanderfließen wie abscheuliche Käslaibe im letzten Stadium ihres Daseins, da blühen Schneeglöckchen und Gänseblümchen und Aurikeln.

Ein ohrzerreißender Donner dröhnt hinter einer Hausruine, die nur fünfzig Meter von uns entfernt liegt. Rauch wirbelt auf, Dreck fliegt empor und Steine spritzen. Ein sonderbarer Geruch. Und eine verkohlte Mauer, die da drüben gestanden, fällt langsam und ohne viel Lärm in sich zusammen. Eine feste deutsche Offiziershand faßt meinen Arm: »Wir müssen gehen. Ich bin verantwortlich.« Da hilft keine Bitte. Und kaum sind wir ein paar hundert Schritte weit gekommen, so geht hinter uns ein Gedonner los, wie wir's im Frieden manchmal erleben können beim Schlußeffekt eines festlichen Feuerwerkes. Die Feldgrauen nennen diese lärmende Sache »das tägliche Morgenbrot«. Und seit die Franzosen ihr Quantum amerikanischer Munition gefaßt haben, verabreichen sie dieses Frühstück in reichlichen Portionen. Vor und hinter dem deutschen Schützengraben wachsen ganze Alleen von Rauchbäumen, die sich in Dunsthecken verwandeln. Das kostet viel und macht nur geringen Schaden. Drum antworten unsere Geschütze nur ab und zu mit einer von den belgischen Granaten, die wir billig bekommen.

Ich schaue zurück. Die Ruinen des Dorfes sind umschleiert von Staub und Rauchgewirbel.

Über den Kamm einer Feldhöhe müssen wir flink hinüberspringen. Dann sind wir wieder in dem Dorf, in dem ich übernachtete. Es ist noch leidlich erhalten, obwohl schon zahlreiche Dächer fehlen. Im Hof eines Bauernhauses sehe ich eine merkwürdige Sache liegen: eine große, viele Zentner schwere Kirchenglocke. Auf meinen fragenden Blick zeigt mir der führende Offizier einen gewaltigen Trümmerhaufen, so formlos, daß ich nimmer zu erkennen vermag, was da in Schutt versank. Dieser Berg von Steinen, von Staub und Mörtel, war einmal eine schöne französische Kirche. Nachdem die Deutschen das Dorf erobert hatten, richteten die Franzosen dieses, ihr eigenes Gotteshaus so zu, daß man die Ruine sprengen mußte, wenn nicht durch den drohenden Einsturz deutsche Soldaten erschlagen werden sollten. Vor der Sprengung bargen die Deutschen mit Lebensgefahr alle Kirchengeräte und übergaben sie dem Pfarramt des Nachbardorfes. Aus dem Schutthaufen des Turmes gruben sie auch noch die große Glocke heraus und rollten sie bis zum Gehöft des Bürgermeisters. – Wo bleiben die Proteste der Herren Spitteler und Hodler? Den beiden sollte man eine Freifahrt nach Roye gewähren, wo die Engländer eine alte, herrliche Kathedrale völlig zwecklos ohne militärische Notwendigkeit in ein steinernes Sieb verwandelten, nur aus dem einzigen Grunde: weil sie so miserabel schossen, daß sie wohl immer wußten, wohin sie zielten, aber nie, wohin sie trafen.

Eine jagende Heimfahrt über das von Sonne schimmernde Land. Schon umdunstet sich der Westen wieder, alles Leuchtende verschwindet und der Wind wird rauh. Ehe die huschenden Regenschleier die ganze Ferne umhüllen, seh' ich für einige Minuten die Türme von Arras heraustauchen und sehe das von Erdwällen durchschnittene Kampfgelände, wo fast jede Bodenscholle für einen kommenden Frühling mit Blut gedüngt ist, mit deutschem Blut und noch mehr mit feindlichem. Die schon im Grau verschwindenden Hügel da drüben? Das ist die Stätte des deutschen Sieges vom 3. März. Dort wurden die Sechshundert gefangen, denen die Bewohner von Lille in einer halb tragischen und halb grotesken Verwechslung der Begriffe so glückselig zujubelten, als wäre Frankreich erlöst und gerettet. Dieses Ereignis bekam noch ein sonderbares, für die Lage der Dinge sehr charakteristisches Nachspiel. Am Tage nach dem für die Deutschen siegreichen Gefechte stellten sich bei einem von unseren Schützengräben sechsundzwanzig mongolische Überläufer vom Stamme der Afridi ein. Das ist der kriegstüchtigste unter den asiatischen Gebirgsstämmen des britischen Weltreiches. Die Männer dieses Stammes lieben nichts auf der Welt so heiß und begehrlich wie eine gute Waffe. Für ein scharfschießendes Gewehr und eine feste Stahlklinge geben sie Haus und Weib als Kaufpreis. Und nun kamen diese Sechsundzwanzig, ergaben sich den Deutschen und sagten dem Dolmetsch: sie hätten erkannt, daß die deutschen Waffen besser wären als die englischen und französischen; man solle ihnen diese herrlichen deutschen Lanzen, Schwerter und Gewehre geben, dann würden sie mit diesen siegreichen Waffen für Deutschland fechten!

Das Geschäft war nicht zu machen. Unmöglich!

Die Engländer – ich bin überzeugt davon – hätten umgekehrten Falles diesen Waffenhandel ohne viel Zögern abgeschlossen.

3.
Tagebuchblätter
vom 22. Februar bis 9. März 1915

Bei den Güterhallen und Plätzen von Avesnes sah ich ein fesselndes Arbeitsbild. Alles hilft da in Eintracht zusammen, Freund und Feind. Unsere Feldgrauen plagen sich in Soldatentreue zum Vorteil des Vaterlandes, die Einheimischen ums tägliche Mittagessen, das viele von ihnen nicht hätten, wenn sie sich's nicht bei der deutschen Armee verdienen könnten. Auch nur ums liebe Brot, versüßt durch zahlreiche Leckerbissen, arbeitet dabei eine kluge und fleißige, rührend gutmütige, aber unglaublich robuste junge Dame von achtzehn Jahren mit. Sie ist auch überaus sittsam. Es wurde mir amtlich versichert, daß sie bislang noch immer ihren jungfräulichen Stand bewahrte, obwohl sie sich schon seit längerer Zeit in Frankreich befindet. Ihre Wohlerzogenheit ist unbeschreiblich. Mit vorsichtiger Zartheit frißt sie jedem Freunde und Feinde aus der Hand, bittet mit dem Füßchen (Schuhnummer 217) um ein Stückelchen Zucker und bedankt sich dafür durch ein auf hundert Schritte noch deutlich hörbares Geklapper mit den Ohrlappen und durch eine graziöse Neigung des schlanknäsigen Köpfchens, dessen Hutweite 336 Zentimeter betragen würde.

Wer es nur immer wünscht, kann dieser Dame auf den Buckel steigen, ohne daß sie dazu auffordert. Und ohne die geringste Einwendung dagegen zu erheben, läßt sie einen ausgewachsenen Mann auf ihrem jungfräulichen Nacken reiten. Alle Geduld und Güte ihrer keuschen Mädchenseele ist am deutlichsten zu erkennen, wenn man sie von hinten betrachtet – da ist jede Bewegung und Riesenform die personifizierte Sanftmut! Aber noch viel unbeschreiblicher als der Reichtum ihres Gemütes sind die erstaunlichen Arbeitsleistungen dieser Dame. In einer Stunde erledigt sie, was hundert Packträger an einem ganzen Tage nicht fertig brächten. Mit ihrem Schnäbelchen, das einem Gigantenfinger ähnlich ist, hebt sie die zentnerschweren Proviantkisten wie Zündholzschachteln und schwingt die Getreidesäcke spielend in die Eisenbahnwagen.

Diese für die deutsche Arbeit hinter der Front höchst nützliche Dame ist die achtzehnjährige Elefantin »Jenny«, welche Hagenbeck für die Etappenarbeit zur Verfügung stellte. Und daß dieses fleißige, für Deutschland rastlos arbeitende Fräulein eine Tochter des englischen Indiens ist, das erscheint mir als ein besonders erquickender Gedanke.

*

Bei Fourmies stand ich vor einem Wunderbau deutscher Technik. Die Franzosen haben hier einen Eisenbahnviadukt, der ein dreißig Meter tiefes und zweihundert Meter langes Tal übersetzt, in seiner ganzen Länge gesprengt. Sie hofften, daß die Zerstörung einer Brücke, deren Bau mehrere Jahre erfordert hatte, den Bahnbetrieb der Deutschen auf dieser Strecke für die ganze Okkupationsdauer lahmlegen würde. Dabei ließen sie die deutschen Pioniere außer Rechnung. Die haben hier, neben und zwischen einem Wirrsal von Trümmern, in nicht ganz drei Wochen eine mit genialer Grazie konstruierte Holzbrücke erbaut, über welche jetzt die schweren Proviantzüge mit zwei Lokomotiven und fünfzig Wagen hinübergleiten, ohne daß ein merkliches Zittern des

Baues zu spüren ist. Ich guckte von oben hinunter und guckte von unten hinauf an diesen dreißig Meter hohen, scheinbar aus zarten Spänen, in Wirklichkeit aus fünfzehn Meter langen Baumstämmen dreistöckig gefügten Pfeilern – und ich entblößte meinen Kopf, wie man's vor einer heiligen Sache tut. Deutsche Arbeit! Welch ein irdisches Ding könnte uns heiliger sein! Der Gedanke, daß die Franzosen, deren geistreichstes Kampfmittel in der zwecklosen Zerstörung ihres eigenen Gutes besteht, uns jemals niederringen könnten, wird beim Anblick solcher Arbeit eine drollig wirkende Vorstellung. Ich hörte über diese französische Kampfmethode von einem Amerikaner das charakteristische Wort: »Das ist nicht mehr militärisch, das ist idiotisch!« Und neulich, bei einer mehrstündigen Beschießung von Guillemont, haben die Franzosen keinen deutschen Soldaten getroffen, nur sieben französische Bauernweiber totgeschossen oder schwer verwundet.

*

Von den eingehobenen Steuerbeträgen decken die Deutschen pünktlich alle Gehaltsquoten der Staats- und Gemeindebeamten, solange diese ordnungsgemäß ihre Arbeitspflicht erfüllen. Diese Bedingung ist eins von den Mitteln, durch die alle französischen »Regierungsgewalten« der okkupierten Gebiete, auch die Professoren und Volksschullehrer, bei andauernder Besonnenheit erhalten werden. – In einem Städtchen, wo ich einige Tage Station machte, schwatzte ich gern und viel mit dem kleinen, achtjährigen Töchterchen meiner Quartierleute. Das liebe Kind, das immer zutraulicher wurde und mir prompt jeden französischen Sprachschnitzer korrigierte, berichtete mir in naiver Verwunderung: Vor dem Kriege hätte der Herr Lehrer in der Schule erzählt, daß jeder deutsche Soldat die französischen Kinder mit Zündhölzchen brenne und aufs

Bajonett spieße – und jetzt versichere er täglich, daß es auf der ganzen Welt keine gutmütigeren und freundlicheren Menschen gebe als unsere Feldgrauen. – Ja! Der regulierbare Brotkorb ist ein sicher wirkendes Mittel, um Frankreichs irrsinnig gewordene Pädagogen zu verständiger Menschenkenntnis genesen zu lassen.

*

Eine dankbare Würdigung verdient die kluge, rationelle Landwirtschaft und Verproviantierungspolitik, die unsere Feldgrauen hier betreiben.

Was die Bevölkerung hier an Vieh und Geflügel zu ihrer Ernährung benötigt, wurde ihr belassen. Alles übrige Vieh wird von den Feldgrauen gesammelt, behütet und gemästet, um unsere Armee auf dem Umweg durch die Feldküchen zu kräftigen. Unsere Feldküchen, ohne deren segensreiche Existenz die deutsche Kriegführung in den gegenwärtigen Formen mit so verläßlichem Erfolge nicht möglich wäre, können ruhelos brodeln und dampfen – der Materialnachschub wird ihnen nicht ausgehen! Nicht nur das Nötigste ist vorhanden; zuweilen kann man sogar ein bißchen schlemmen. Ja! Am gastlichen Kasinotische des Generalkommandos unseres 1. bayrischen Armeekorps hab' ich herrliche Leckerbissen verzehrt: Blutwurst, Leberkäs und Schwartenmagen. Und einmal – in seliger Erinnerung verdrehe ich jetzt noch die Augen – da gab es sogar Münchener Weißwürscht! Leider nur zwei Paar pro Seele. Aber frisch im Felde gemacht! – Treues Bayernherz, was begehrst du mehr? Da kannst du auf Hummern, Austern und Kaviar verzichten und dich aussöhnen mit aller Mühsal des Krieges!

Ganz famos schmecken die *K*-Kipfelchen und das Kommißbrot. In Wißbegierde nach dem Werdegang dieser grauen und schwarzen Köstlichkeiten besuchte ich die Bäckerei. Sie ist in zwei großen Meierhöfen installiert, so praktisch, als wären die beiden französischen Fermen eigens für diesen schönen deutschen Zweck erbaut worden. Vierundzwanzig aus Ziegelsteinen gemauerte Backöfen! Wie es da duftet! Nur ein bisserl warm ist es, sehr warm! Die Besichtigung beginnt bei der Mehlkammer; nach zehn Schritten steht man vor den Backtrögen – die knetenden Soldaten haben Bizepse wie Athleten; von der Teigwage wenden wir uns zum Brotformer: schwupp, ist der Laib schon weg, im heißen Ofen, und ehe man sich ein bißchen umsieht, dampft die Wassernetzung auf der braunglänzenden Brotrinde! Ich versuchte es, mich in den Gedankengang eines Bäckereisoldaten hineinzuversetzen, der innerhalb seiner Schicht ungefähr fünfzehntausend dampfende Brotlaibe mit der Wasserbürste überstreicht – aber ich muß bekennen, daß meine sonst sehr bewegliche Phantasie da nicht ausreichte. So wird hier Tag und Nacht an allen vierundzwanzig Öfen mit achtstündigem Schichtwechsel ununterbrochen durchgearbeitet. Bereits am 15. Januar konnte diese Bäckerei das Jubiläum der viermillionsten Portion feierlich begehen.

*

Jetzt, da der Frühling kommen will, pflügen und säen unsere Feldgrauen. Die meiste Ackerarbeit wird von deutschen Motorpflügen geleistet, die man aus der Heimat bezog. Als Aushilfe werden den Bürgermeistern Gespanne und Mannschaften für die Feldarbeit zur Verfügung gestellt.

Diese gemeinsame Arbeit der Franzosen und Feldgrauen auf den Frühlingsäckern trägt auch ein Erkleckliches zum friedlichen Ausgleich der nationalen Gegensätze bei. Ich sah einen vierspännigen Pflug: die zwei Feldgrauen gingen heiter schwatzend neben den Gäulen her, und auf den beiden Sattelpferden ritten zwei nette junge Französinnen, die sehr vergnügt waren.

*

Eine fast unübersehbare Fülle tüchtiger Arbeit wird von unsern Feldgrauen in Städten und größeren Ortschaften geleistet. Sie haben da alle besseren Handwerksstätten, die von ihren Besitzern verlassen waren, in Betrieb genommen und sieden, nur innerhalb eines Armeebezirks, in acht, zumeist mit dem Maschinenmaterial zerstörter Zuckerfabriken eingerichteten Brauereien einen gut trinkbaren Tropfen für die durstigen Seelen unseres braven Heeres.

Dieser ganze riesenhafte, aus der Vernichtung und aus dem Nichts herausgebaute Arbeitsapparat des deutschen Etappenkörpers funktioniert mit einer Pünktlichkeit, mit einer so tadellosen Ordnung bis ins kleinste, daß man nicht eine grobe Kriegsmaschine, sondern den feinen Präzisionsmechanismus eines genialen Uhrenkünstlers zu sehen glaubt.

Auch Maschinenfabriken, welche stillstanden, wurden in Betrieb genommen. Wer in solchen Dingen nur ein bißchen bewandert ist, dem springt sofort ein sehr auffälliger Unterschied zwischen dem französischen und dem aus Deutschland bezogenen Arbeitswerkzeug in die Augen. Die französischen Bohrmaschinen und Eisendrehbänke sind nach Systemen von Anno achtzig und neunzig gebaut, der Mechanismus ist leichtsinnig und wackelig, die Arbeit ungenau. Wahrhaftig, die deutschen Maschinen stehen neben den französischen wie ein strammer, verläßlicher deutscher Soldat neben einem wehleidigen Ohlala! Daß man unsere deutsche Industrie um den Weltabsatz betrügen wird, brauchen wir wahrhaftig nicht zu besorgen. In unserer deutschen Industrie stecken die gleichen sieghaften Kräfte wie in unserem deutschen Volksheer.

*

Eine tiefe Erschütterung befiel mich beim Besuch einer Werkstätte, die keinen deutlichen Namen hat, nur »Reparaturstelle« heißt. Hier werden die Gewehre, Waffen, Armierungsteile und alle sonstigen Fundstücke des Schlachtfeldes gereinigt und wieder brauchbar gemacht. Durch jeden der Helme, Tornister und Mäntel, die ich da aufgeschichtet sah wie etwas tadellos Neues, ist irgendeinmal und irgendwo der harte bleierne Tod gegangen. Jetzt wird das gesunde Leben sie wieder tragen, zu unserem Schutz!

Unter den vielen Dingen, die vom Schlachtfeld zu dieser Reparaturstelle kamen, sah ich eine für Europa sehr wunderliche Beutegattung: die aus drei zähen Holzarten zusammengefügten zwei Meter langen Bogen indischer Urwaldleute oder afrikanischer Pfeilschützen! Solche Waffen und solche Kämpfer gegen unsere Maschinengewehre und Mörser ins Gefecht zu hetzen? Ist das nicht sinnlos und idiotisch? Ganz abgesehen davon, daß es auch verbrecherisch ist!

Von den fünfzig oder sechzig Bogen, die ich bei der reichen Schlachtbeute liegen sah, sind die meisten entzweigebrochen. Das geschah wohl nicht im Kampfe. Ich vermute, daß die Leute, welche diese Bogen auf dem Schlachtfeld zusammenlasen, sie aus Neugier und in Unkenntnis dieser exotischen Waffe nach der falschen Seite zu spannen versuchten. Krümmt man einen solchen Bogen, der auch ungespannt eine Biegung zeigt, nach einwärts, so zerbricht er; man muß ihn, um ihn elastisch zu machen, über die Biegung nach auswärts spannen.

In ähnlich verkehrter Weise versuchten es unsere Feinde mit Deutschland zu machen. Sie wollten uns klein zusammenbiegen, uns nach einwärts krümmen. Aber wir zerbrachen nicht. Und wie uns die Torheit der Feinde auch zu beugen versucht, immer schlägt und wirkt die zähe, unzerstörbare Spannkraft des deutschen Stahlbogens nach außen hin!

*

Ich habe da aus der Fülle der deutschen Arbeitsbilder, die ich zu sehen bekam, nur ein paar ungenügende Stichproben aufgezählt. Wollte man diesem deutschen Friedenswerk inmitten des Krieges gerecht werden, so müßte man ein dickes Buch schreiben. Aber auch das Wenige wird ausreichen, um in der Heimat erkennen zu lassen, wie viel kluge, energische und erfolgreiche Arbeit hinter der Front geleistet wird, und wie viele Siege des deutschen Geistes und Fleißes unsere Feldgrauen in jenen scheinbaren »Ruhezeiten« erfechten, von deren Inhaltsfülle die militärischen Tagesberichte schweigen. Ebenso viel und ebenso Großes, wie von unseren siegreichen Kämpfen an der Front, wo die deutschen Truppen unerschütterlich im feindlichen Feuer stehen, wird die Geschichte des Weltkrieges einmal von diesen deutschen Wirtschaftserfolgen auf erobertem Boden zu erzählen haben. Und wenn ich bei der Schilderung dieser Bilder manches scherzhaft genommen und heiter geformt habe, so soll das den Wert der Sache nicht verkleinern. Die fröhliche Form ergab sich so, weil Heiterkeit, Ruhe und froher Glaube die kostbaren Geschenke sind, die ich als schauender Bürger im Feld empfange. Und wenn ich fröhlich erzähle, wohnt und schimmert hinter jedem meiner Worte eine Bewunderung, so

ernst und tief, daß ich sie nicht auszusprechen vermag –
und eine deutsche Dankbarkeit, so heiß und ehrlich, daß ich
sie nicht sagen, nur fühlen kann.

4.

11. März 1915.

Eine stürmische Nacht will sich verwandeln in einen trüben Morgen. Meine Uhr sagt mir: jetzt muß es Tag werden! Aber die Helle will nicht kommen. Immer bleibt dieses dicke, für die Augen undurchdringliche Grau über allen Dingen hängen. Manchmal huscht am Wagen eine Laterne vorbei, deren Licht so heftig flackert, daß es immer zu erlöschen und wieder aufzuglimmen scheint. Flimmernde Regentropfen und Schneeflocken fliegen horizontal an den Wagenfenstern vorüber. Manchmal brennt in der Ferne, bald hier, bald dort, eine rötliche Helle im Nebel auf. Das sind die Leuchtkugeln, die aus den Schützengräben emporgeschossen werden, um das Gelände zwischen Freund und Feind für eine halbe Minute zu erhellen. Fällt die Kugel nach kräftigem Glanze rasch herunter, so ist es eine deutsche, die nur die feindliche Stellung aufklären, nicht auch den deutschen Graben für die Feinde beleuchten will – bleibt die Kugel in der Höhe hängen und treibt sie eine Weile im Winde, so ist es eine feindliche, die an einem kleinen seidenen Fallschirm hängt.

Einmal hält der Wagen; man muß in dieser grauen Finsternis bei einer Wegkreuzung die Karte zu Rate ziehen. Der schwache Lichtkegel des elektrischen Taschenlämpchens gleitet über das Blatt. Ferner Kanonendonner und nahes Gewehrfeuer ist zu hören. Zur Rechten und Linken des

Weges seh' ich undeutliche Ruinen im Nebel hängen, sehe zerrissene Mauern und leere Fensterlöcher. Schwerbeladene Karren ächzen vorüber, und ich höre die Stimmen der Fuhrleute. Welche Sprache reden sie? Nicht Französisch. Auch nicht Deutsch. Ich verstehe kein Wort. Und dennoch klingt diese Sprache so, als wäre sie eine liebe Schwester meiner eigenen. Etwas Warmes, fast Zärtliches erwacht in mir. Ich weiß: jetzt bin ich auf flämischem Boden! Wie die Leute da draußen, so ähnlich reden unsere Bauern bei Aachen und am Niederrhein.

Während der Wagen weiterfährt, spritzen von den Rädern dicke Schlammgüsse gegen die Fenster herauf. Nun halten wir und steigen aus, inmitten eines Waldes, den ein Wirbelsturm vernichtet zu haben scheint. Fast alle Bäume sind in halber Stammhöhe geknickt und haben besenförmige Splitterstümpfe. So weit man in der grauen Dämmerung zu sehen vermag, ist der Waldboden bedeckt mit einem Wust von zerschlagenen Baumkronen und mit zahllosen runden Erdlöchern, die bis zum Rande voll sind von schlammigem Grundwasser. – Ein Wald? Nein! Was ich sehe, war einmal ein herrlich gepflegter, durch seine Schönheit berühmter Park – der Park des vom Kriege zerstörten Schlosses Hollebeke.

Unter dem Gewehrgeknatter, das immer näher klingt, waten wir im Regen und im schwermütigen Grau der Morgenfrühe über eine Parkstraße hin und versinken bis zur halben Höhe der Stiefelröhren im schwarzen Schlamm. Ein zierliches Eisengitter ist zerschlagen und hängt verknüllt um die zerschossenen Baumstrünke; fast jeder dieser entzweigebrochenen Stämme ist hundertfach getüpfelt von den Kugelwunden der Gewehr- und Schrapnellschüsse und von den Rissen, welche die Granatsplitter schürften; auch die wenigen Bäume, die da noch unentwipfelt zu stehen scheinen, werden sterben müssen an diesen Wunden.

Nun eine Mauer – nein, nur eine Reihe von Steinhaufen und Wandfragmenten, die noch erraten lassen, daß sie einmal eine schmucke Parkmauer waren; durch die Löcher gewahre ich zerrissenen Rasen, zerschlagene Hecken, die auch im Sterben noch den Frühling spüren und gerne grünen möchten, gewahre zerfetzte Wege, verwüstete Zierbäume, zerschmetterte Palmenkübel, geknickte Eiben und Zedern, gewahre Tempelchen, von denen nur noch die Säulenstümpfe stehen, und gewahre Blumenhäuser und Glasgebäude, die aussehen wie ein mageres Gerippe und keine ganze Fensterscheibe mehr haben; ein Gewirre von mattglänzenden Scherben liegt um ihren Sockel herum. Nun kommt ein zerschossenes Parktor. Wie hübsch muß es einmal gewesen sein mit seinen flankierenden Säulen und seinen Marmorgruppen, die jetzt zertrümmert sind und kaum noch erkennen lassen, was sie darstellten.

Hinunter in einen Laufgraben! Oder ist das ein kleiner Kanal? Wir waten ein paar hundert Meter weit im Wasser. Irgendwo unter der schlammigen Suppe liegt der Balken, über den wir hingaukeln müssen; tappt der Fuß daneben, so geht's hinunter bis übers Knie. Endlich, Gott sei Dank, erreichen wir den Schützengraben, der etwas trockener ist! Von allen Frontgräben, die ich bis jetzt gesehen habe, ist es der am stärksten befestigte, eine unbezwingbare Erdburg. Wo ich heute bin, das ist die Stätte der schweren, blutigen Novemberkämpfe, ist eine Hölle der Ruhelosigkeit seit drei Monaten. Auch heute geht dieses harte Geknatter ununterbrochen hin und her. Man gewöhnt sich dran, fast hört man es nimmer.

In dem mit Mannschaften dicht gefüllten Graben riecht es heftig nach nassen Kleidern. Die Hände der Feldgrauen sind ein bißchen starr von der Nachtkälte, aber alle Gesichter sind frisch und gesund, ruhig und heiter. Und eine wahre Blütenlese deutscher Dialekte ist da vertreten; ich höre

Bayern und Schwaben, Franken und Pfälzer, höre Sächsisch und Mannhemerisch und schwatze mit einem Aschebercher (Aschaffenburger) aus der Vaterstadt meiner Mutter. Immer quillt mir vor Ergriffenheit das Wasser in die Augen und immer wieder muß ich mich freuen, muß lachen. Gesunder Humor, wohin ich lausche, wohin ich schaue! Drollige Inschriften und heitere Höhlennamen! Natürlich fehlt es auch nicht an einem glorios gezierten »Hindenburg-Tor«. Und eine »Gaudeamus-Hütte« gibt es.

Dann werde ich stumm. Ich spähe hinaus, sehe fern im Nebel die unbestimmten Formen der Türme von Ypern und sehe da draußen auf dem Feld in Haufen und langen Reihen die toten Franzosen liegen; eine von unseren Maschinengewehren niedergemähte feindliche Sturmkolonne, die das deutsche Drahthindernis gar nicht erreichte. Sie haben schon ein sehr abgenütztes Ansehen, diese dunkelblauen Schläfer, die niemals wieder erwachen werden! Aber weit da draußen? Dieses Braune, ganz Neue in der Farbe? Was ist das? Auch im Glase sieht es noch aus wie ein bräunlicher Holzpfahl. Ich selber erkenne die Wahrheit nicht, man muß sie mir sagen. Was ich sehe, war einmal von unseren zähesten Feinden einer, war ein lebendiger und ist nun ein toter Engländer. Das ist ein Tod, der mir keine Ehrfurcht einflößt. In mir, der ich am 3. August noch ein Englandschwärmer war, regt sich etwas heiß Erbittertes – ich kann es nur fühlen, nicht erklären. Meine Zähne sind hart übereinandergebissen, und ein Zornschauer rieselt mir über den Nacken. Ich wende mich ab und gehe, bis ich den braunen Pfahl nimmer sehen kann. Nun werde ich wieder ruhig. Man sagt mir, daß da drüben seit Wochen keine Franzosen mehr stehen, nur noch Engländer. Immer spähe ich mit dem Glas nach den Erdwällen der feindlichen Stellung hinüber; aber da drüben ist nichts Lebendiges zu sehen, nichts, nichts. Nur die

Schüsse knattern drüben genau so wie bei uns, und die Kugeln klatschen in die Lehmsäcke. Ich frage einen Feldgrauen: »Streckt da drüben manchmal einer die Nase heraus?« Und der Mann, ein schlanker, kräftiger Pfälzer, antwortet: »Nee. Ich tät gern emol een niederschlaache. Awer es kommt keener. Nu jo, Geduld muß mer ewe hawe. Bei uns do und daheem!« Ich muß dem Manne, in dem so viel deutsche Ruhe und deutsche Weisheit steckt, die Hand auf die Schulter legen.

Der Graben wendet sich und klettert über einen steilen Hang hinunter. Noch immer ist der Morgen grau, noch immer ziehen die Nebel, noch immer hängen sie an allen Stauden, und immer rieselt der Regen. Unter Schleiern seh' ich ein Bild, das ich im Leben niemals wieder vergessen werde.

Zu meinen Füßen, tief drunten, liegt der breite Kanal mit dem schwarzen, träg fließenden Wasser. Die Eisenbahnbrücke, die ihn überspannte, ist gesprengt, und ihre Trümmer liegen wirr in der Tiefe. Drüben – jenseits eines Faschinensteges, der nur in finsteren Nächten begangen werden kann – steigt der deutsche Schützengraben wieder empor. Von der Höhe, auf der ich stehe, kann ich weit in seine Windungen hineinschauen. Alles ist grau da drüben, und dennoch regt sich alles; aber kaum merklich heben sich unsere Feldgrauen von der Farbe des Bodens ab. Nur auf dem Steilhang drüben kann ich sie genau unterscheiden. Ich sehe die Unterstände und Schlupfe, sehe die Türen und Fensterchen. Das Bild sieht aus wie eine in den Berghang eingenistete Höhlensiedelung grauer Mönche. Und wieder seh' ich die Unseren Schulter an Schulter und unbeweglich bei den Scharten stehen. Nur manchmal rührt sich einer ein bißchen, stampft mit kaltgewordenen Füßen oder schlägt die Hände um die Brust, behaucht die Finger und packt dann mit hastigem

Griffe wieder das Gewehr. Achtet man des Geknatters nimmer, an das sich die Ohren zu gewöhnen beginnen wie an das Rauschen eines Baches, so scheint eine tiefe, fast heilige Stille über diesem ergreifenden Bild der deutschen Soldatentreue zu liegen. Und blickt man ein paar hundert Meter weit gegen Westen hin, so sieht man hinter den Erdwällen der Anhöhe den dünnen Rauch der Feuerchen herausquellen, an denen sich die Engländer ihr ausgiebiges Frühstück kochen.

In nördlicher Richtung, gegen Dixmuiden, fängt der Kanonendonner, der seit einer Weile stumm geworden, wieder zu dröhnen und zu rollen an. Auch die Engländer bei Ypern scheinen satt zu sein und wollen die zwecklos brüllende Arbeit wieder aufnehmen. Meine Zeit ist abgelaufen, ich muß den Rückweg antreten.

Die Landstrecke zwischen dem Schützengraben und dem verwüsteten Park von Hollebeke ist ein Panorama des Grauens, ist völlig durchsiebt von Granatenschlägen. Die Erde sieht hier aus wie der hundertäugige Argus – jedes Auge ein runder, schwermütiger Wasserfleck, der keinen Himmel zu spiegeln hat. Das hübsche Pförtnerhaus des Parkes ist verwandelt in eine Trümmergrotte; zentnerschwere Steinplatten liegen weit umhergestreut, so wie ein Windstoß die welken Rosenblätter auseinanderweht. Das große, schöne schmiedeeiserne Tor ist eine sinnlos verknüllte Sache geworden. Überall liegen die Granatenzünder, die Blindgänger und Bombensplitter, die Ausbläser und Schrapnellböden in solchen Massen umher, wie hinter den Alpenvereinshütten die Bierflaschen und Konservenbüchsen.

In allem Grauen auch noch ein Bröselchen Humor: dem Standbild einer griechischen Göttin ist ein eingetriebener Zylinderhut aufgesetzt und hinter das Hutband ist eine

Pfauenfeder gesteckt, ein grüner Eibenzweig und ein großer Granatensplitter, der einem vierblättrigen Kleeblatt aus Eisen gleicht.

Wohin man sich wendet, überall dieses Gewirre von niedergebrochenen und zerfetzten Bäumen. Jeder Weg ist bedenklich; Fußangeln liegen umher, und immer wieder bleibt man an den Stacheldrähten versteckter Hindernisse hängen. Dann steht man vor dem einstens herrlichen Schloß, das berühmt war um seiner Schönheit und seines Prunkes willen und jetzt verwandelt ist in ein namenloses, von Schutt und Gebälk überkollertes Ruinengewirre. Jede Mauer, die noch steht, ist dem Einsturz nahe und verwehrt allem Lebendigen den Aufenthalt in diesem Trümmerhaufen. Durch formlose Fensterhöhlen sieht man noch die zermürbten Reste einer verschwundenen, verschütteten Pracht. Und was an Gemäuer noch übrig blieb, hat keinen anderen Zweck mehr, als eine Reihe von liebevoll geschmückten deutschen Soldatengräbern vor dem Einschlag der englischen Granaten zu beschützen.

Alles, was da Ruine geworden, ist englisches Werk. In der Nacht vom 30. auf den 31. Oktober, als die Deutschen das Schloß eroberten und den Offiziersstab der Engländer bei einem üppigen Nachtmahl überraschten, war der herrliche Bau noch heil und unversehrt. Dann wurde er von den englischen Geschützen so zugerichtet, wie er sich heute zeigt – nur zu dem einen Zweck: daß die Deutschen kein Dach hätten, unter dem sie nach dem Regen wieder trocken werden könnten.

Alles Atmende ist verscheucht von dieser Trümmerstätte. Und wo ein zerrissener Weg aus diesem Wirrsal der entzweigebrochenen Parkbäume hinausflüchtet gegen die Straße, wie in Sehnsucht nach der Nähe lebender Menschen, da sieht man die Ruine eines Gebäudes – man kann nicht mehr erraten, was es war, das Haus ist ausgebrannt, zerbröselt und zerfallen, nur die Quadern des Türgemäuers stehen noch, und oberhalb des Türloches sind in den Steinen mit großen deutlichen Lettern die drei flämischen Worte gemeißelt: »In de vrede!« Das bedeutet: »Tretet ein, hier wohnt der Friede!«

Ein Dichter, im Geiste jenem Unsterblichen ähnlich, der das »Glück von Edenhall« besang, wird vielleicht einmal eine Ballade singen: »Der Friede von Hollebeke«. Die Wahrheit der Gegenwart vermöchte seinem Zukunftsliede einen phantastischen Schlußgedanken zu geben – man erzählte mir: Das schöne Schloß wäre der von übermütiger Lebenslust erfüllte Besitz einer von ihrem Gatten getrennten Frau gewesen, und ihr einziger Sohn, jetzt Fliegeroffizier der französischen Armee, komme von Zeit zu Zeit auf seinem Doppeldecker herangeflogen und umflattere stundenlang in schwindelnder Höhe, klein wie ein Sperber, die im Winde staubende Trümmerstätte seines Mutterhauses.

5.

12. März 1915.

Wir fahren nach Süden.

Die gleiche Morgenstimmung wie bei der Fahrt nach Hollebeke. Alles wieder so grau, nur ohne Sturm, ohne Regen. Kälte ist eingefallen. In der Morgenfrühe werden die Felder weiß vom Reif, und in den Straßengräben blinken die Eisscheiben.

In allen Dörfern und Städtchen, durch die wir kommen, seh' ich beim Erwachen des Morgens die gleichen Schuttbilder. Jede Ortschaft ist belebt von unseren Feldgrauen, die zu den Stellungen marschieren oder flink zu einer Arbeit wandern. Ich sehe viele Züge von frisch Angekommenen, tadellos ausgerüstet, mit neuem Lederzeug. Frauen und Kinder stehen bei den Haustüren, die Gesichter müde, die Augen stumpf.

Bei ihrem Anblick schwirrt mir immer ein wunderliches Liedchen im Kopf herum, das ich dieser Tage von zwei Soldaten singen hörte. Ähnlich wie beim Lied vom Guten Kameraden, das einen neuen Refrain bekam, wurde auch hier ein altes Volkslied mit einer neuen Zutat versehen, mit einer französischen – mit Worten, die man hier in Nordfrankreich überall von den Einheimischen hören kann.

Das Liedchen, wie es die zwei Soldaten sangen, war wohl

scherzhaft gemeint, und dennoch hat es einen traurigen Sinn:

»Ännchen von Tharau ist's,
Die mir gefällt,
Aber sie nimmt mich nicht,
Hab' ich kein Geld ...
   Mon père, ma mère,
   O weh, *la guerre,*
   C'est triste pour nous,
   C'est triste pour vous,
   C'est triste pour tous,
Jawoll, mein Sohn,
Det kommt davon!«

Je häufiger dieses aus Sinn und Unsinn, aus Spott und Bitterkeit gewobene Liedchen in mir nachklingt, um so ernster empfind' ich es. Unter allem gesunden Humor, der mir im Feld entgegenflattert, gibt es auch eine Spezies, die ich nicht gerne höre: das Spiel mit dem Grausigen und Grausamen. Ich erinnere mich an das Wort eines Radfahrers, der einen Befehl zur Front zu bringen hatte und bei einer Wegscheide seinem nach der anderen Seite davonsausenden Kameraden lachend nachrief:

»Also, behüt' dich Gott, Huber, auf Wiedersehen im Massengrab!«

Mit diesem Wort kann die spartanische Rede eines Telephonisten versöhnen, die ich am gleichen Tage vernahm. Die Telephonstelle war in einem Bauernhäuschen untergebracht, das schon halb in Scherben lag; als Schutz gegen Wind und Zugluft waren die zerschmetterten Fensterscheiben mit Zeitungspapier verklebt; und da sagte der Telephonist bei Beginn einer neuen schweren Beschießung, die das kleine Haus umbrüllte:

»Mir scheint, die geben nicht eher Ruh', bis nicht die Fenster wieder kaputt sind!« –

Auch der Weg, der uns im Grau der Frühe durch verwüstetes Gelände führt, zeigt mir eine Groteske der Zeit. Ein hübsches Schlößchen inmitten eines großen Obstgartens ist eine wertlose Ruine geworden; alles, was da Holz war, ist verbrannt; nur neben dem Steinportal hat sich ein kleines hölzernes Täfelchen unversehrt erhalten, mit der Inschrift »*Château à vendre!*« Wann wird sich für diesen rußgeschwärzten Steinhaufen der Käufer finden, der da vor Beginn des Krieges gesucht wurde?

Wir halten bei hell gewordenem Morgen im Schutz eines hohen Bahndammes, über den unter etwas lückenhaftem Geknatter die Hochgänger der feindlichen Stellung pfeifend herüberfliegen. Ich sehe zur Ablösung einen Zug von den Unseren ausmarschieren, die mich fragen machen: »Sind denn das Franzosen?« Sie tragen weite blaue Pluderhosen, die bis unter die Arme heraufreichen. Sehr komisch sieht das aus und ist doch eine ungemein praktische Sache. Das sind Überhosen aus blaugefärbtem Zwilch, wie die Maurer sie bei der Arbeit zu tragen pflegen. So behütet man jetzt unsere feldgrauen Uniformen gegen die Lehmbekleckerung in den Schützengräben. Das ist eine Ersparnis an Quartierarbeit und eine Mehrung der nötigen Ruhe in den Ablösungszeiten; jetzt brauchen die Soldaten nicht immer an ihren Uniformen zu bürsten und zu rippeln, die gelb gewordenen Blauhosen werden jede Woche einmal gewaschen. Wie gut man auch geschult und vorbereitet war, im Kriege lernt man noch immer etwas Nützliches hinzu.

Der Schützengraben, durch den wir hinsteigen, gehört zu den festesten, die ich gesehen habe. Es gibt auch andere, solche, in denen man eine Beklommenheit um unsere Braven trotz ihrer Ruhe und ihres Humors nie völlig los wird; meist sind das Gräben, die man wegen des drohenden, unableitbaren Grundwassers nur bis zu halber Manneshöhe in den Boden einschlagen konnte; da müssen die Wälle um so höher aufgeschichtet werden; diese lockeren Erdschichten, auch dann noch, wenn sie durch Sandsäcke verstärkt werden, sind ein höchst zweifelhafter Schutz gegen schweres Artilleriefeuer.

Der Humor unserer Feldgrauen bezeichnet solche Gräben nicht umsonst als »Mausfallen« und »Granatenschachteln«; findet der Feind da Zeit, sich einzuschießen, so gibt es in solchen Gräben bei aller Tapferkeit kein Aushalten mehr, man muß heraus, will man nicht zwecklos niedergemäht werden. –

Wenn ihr daheim von aufgegebenen Gräben der Deutschen hört, dann handelt es sich immer um solche »Granatenschachteln« und »Mausfallen«, die man einer festeren Stellung zuliebe aufgeben mußte, und in denen sich auch der Feind nach seiner billigen »Eroberung« nicht zu halten vermag. Aber der prachtvolle Graben, durch den ich da heute hinsteige, der ist sicher, ist mannstief in den Boden gesägt und durch festen Kalkstein geschnitten, ist eine unzerstörbare Burg der Unseren, ist uneinnehmbar.

Welch ein Wahnwitz der Feinde es ist, eine solche Stellung anzugreifen, beweisen die Kolonnen der toten Franzosen, die außerhalb der Drahthindernisse in solchen Massen liegen, wie ich es noch nirgends gesehen habe.

Seit dem 17. Dezember liegen sie da, in dicken Klumpen, in langen, nicht abzuzählenden Reihen; ein verwesender Schimmel liegt dazwischen; und je weiter sich diese Schnüre der Stummgewordenen in die Ferne ziehen, um so kleiner werden sie und sehen schließlich aus wie dunkelblaue Steine, wie blaßblaue Frühlingsblümchen.

Und während ich hinblicke über diese Blumenrabatten des Krieges, taucht fern aus dem Nebel der Turm der Kathedrale von Arras heraus und das schwarzgraue, klobige Viereck des Seminargebäudes, das noch mächtiger als die Kirche wirkt. –

(Hier wurde ich heute mittag bei der Arbeit unterbrochen. Ein Auto holte mich ab. Nun dämmert es, da ich heimkehre. Ehe der Tag versank, bekam er eine rotglühende Sonne. Was ich in den vier vergangenen Stunden erlebte, ist in mir wie ein Sturm, der meine Gedanken vor sich herjagt. Ich werde ein paar Tage brauchen, bis dieser Bilderwirbel in mir sich beruhigt und ordnet. Heute kann ich nimmer arbeiten. Nur dieses Eine muß ich noch niederschreiben: Wie stolz bin ich auf meine Heimat, und wie viel Freude ist in mir, weil ich sagen darf: ich bin ein Deutscher!)

13. März 1915.

Morgensonne umglänzt das Fenster meiner Stube zu Lille.

Ich will versuchen, ruhig ein Wort neben das andere zu setzen, will vorerst zu Ende erzählen, was ich gestern zu schildern begann. –

– Die Türme von Arras standen im Nebel und umschleierten sich wieder, als die zwei führenden Offiziere aus den weißen Kalkwänden des Schützengrabens mit mir herausstiegen und mich hinunterführten in das tote Dorf.

Eine lange, ausgestorbene Gasse, Ruine neben Ruine. Kein Mensch, kein Rind, kein Huhn und keine Taube. Nur kleine Vögel sind noch da, spüren den nahen Frühling und zwitschern – ich seh' einen Spatzen, der gemütlich im Mauerloch einer Schrapnellkugel sitzt, munter herausguckt und immer piepst. Das Loch ist genau so groß, als wäre es für den Spatzen nach Maß gemacht.

Neben dieser Sperlingsvilla steht die Kirche mit halbem Turm und ohne Glocke, mit zerschmetterten Wänden und ohne Dach – ein Anblick, der mir das Herz umkrampft, obwohl ich nicht der frömmste der Christen bin.

Ich sehe durch offene Türen in zerschlagene Ställe, sehe durch Granatenlöcher in verwüstete Stuben, aus deren Schutt die zerfetzten Reste gemütlicher Lebensdinge heraustrauern – und plötzlich zwingt mich eine kleine Sache zu wortlosem Aufenthalt.

In einem von Mauerstaub überstreuten Vorgarten steht, durch einen Granatensplitter übel verwundet, ein kleines Kinderpferdchen mit Rädern unter den Hufen.

Mich ergreift das, obwohl ich finde, daß dieses französische Spielzeug sehr geschmacklos ist. Aber auch symbolisch ist es. Statt der Ohren hat das Pferdchen zwei Kurbeln – wenn der kleine verschwundene Reiter an diesen Kurbeln drehte, ging das Rößlein vorwärts. –

Hat nicht der Kriegsgaul des französischen Volkes einige Ähnlichkeit mit diesem Spielzeug? Auch Frankreich hat zwei Kurbeln in den Ohren, und England dreht daran. Wie weit wird Frankreich kommen dabei? So weit wie dieses Spielzeug? Ein Granatensplitter hat ihm ein Loch in den Bauch gerissen, aus dem der verrostete Mechanismus herausguckt. –

– Das tote Dorf ist nicht völlig tot. Ich höre Stimmen und sehe eine Gruppe von Feldgrauen in einem Schloßpark stehen, der aussieht wie ein kränklicher Bruder des Parkes von Hollebeke. Das hübsche Barockschlößchen ist löcherig wie Schweizerkäse, aber noch immer bewohnbar. Ein Dutzend Feldgraue hausen drin, in großen Räumen mit schönen Möbeln, mit seidenen Vorhängen und guten Bildern, mit Stutzuhren und Kandelabern auf dem Kamin, in dem ein wärmendes Feuer brennt. Außer diesem Feuerglanz ist keine Farbe mehr zu sehen, alles ist überbröselt von Mörtelschutt, überkrustet von Lehm. So grau wie Straßenstaub ist auch der Parkettboden; man geht da ganz wunderlich weich; ich frage: »Ist das eine Hanfmatte?« Ein Feldgrauer antwortet: »Nein! das war ein Smyrnateppich!« –

Ich nicke nur. Anders kann es da nicht aussehen! Die Leute, die todmüde aus dem Schützengraben kommen, können nicht erst die Kleider reinigen und die Stiefel putzen; sie kommen und essen und werfen sich hin und schlafen ein. Und zur anderen Hälfte macht es der Mauerstaub, den die französischen Granaten erzeugen.

Ich trete hinaus auf die Veranda, die noch halb erhalten ist. Aus einem Kellertürchen seh' ich einen alten, weißbärtigen Mann langsam heraufsteigen. Er geht zu einem verwüsteten Blumenbeet und leert einen Nachtkübel aus. Das ist nicht appetitlich, aber ich muß es erzählen – denn der alte Mann, der dieses üble Morgenwerk verrichtet, ist der Besitzer des Schlosses.

Wir reden ihn an; er ist sehr höflich, auch sehr gesprächig, obwohl er immer nur ein einziges Wort wiederholt: »*Oui, oui, oui, oui ...*«

Als der Krieg kam, brachte der alte Herr das nicht übers Herz, sein Haus und seinen geliebten Park zu verlassen. Er blieb – mit seiner siebzigjährigen Frau. Die Feldgrauen überließen dem alten Paar als Wohnung den bombensicheren Keller. Da leben nun die beiden von den Nahrungsmitteln, welche die deutschen Soldaten mit ihnen teilen. Kein Diener ist mehr im Haus, keine Magd – alle Dienstboten sind davongelaufen, als die ersten Kanonenschüsse krachten.

Das ist Frankreich! Könnte Ähnliches in Deutschland möglich sein? Ein alter Kutscher, der seiner Herrschaft viele

Jahre diente, oder ein braves, gutes deutsches Mädel wäre geblieben, auch unter Schreck und Grauen! – Ich sage das in deutscher Sprache zu den beiden Offizieren, und der Schloßbesitzer antwortet mit höflichem Lächeln: »*Oui, oui, oui, oui* ...« Ich fürchte, es sieht nimmer gut unter seinem alten Weißkopf aus!

– Krieg! Wer weiß und ahnt in der Heimat, was unserem Land erspart wurde durch unser Heer! Sehen muß man es, hier, in Feindesland, so wie meine Augen es sehen! –

Zwei Granaten sausen über die Felder hin und dröhnen; manchmal klatscht eine Gewehrkugel ins Gemäuer des Schlosses oder in die Rinde eines Parkbaumes. Allmählich wird das Geschützfeuer ein ununterbrochenes Rollen. Das hört sich anders an als das übliche Geböller, das die Franzosen und Engländer Tag für Tag nach dem Frühstück zu beginnen pflegen. Etwas Zorniges ist in diesem aus der Ferne her dröhnenden Gebrüll. Wie ein Angriff klingt es. Man kann auch schon unterscheiden, daß die Deutschen antworten, immer fleißiger! Das muß bei La Bassée oder bei Lorgies sein! Oder noch nördlicher?

Eine lange, jagende Autofahrt mit vielen Umwegen. Gegen zwei Uhr nachmittags tauchen die zerrupften Giebel von La Bassée aus dem Dunst heraus. Unter dem Gerassel des Autos ist der ruhelose Geschützkampf nur wie ein schwaches Murren zu hören. Nun halten wir. Und ein ingrimmiges Donnerdröhnen geht durch die Lüfte.

Die Einfahrt nach La Bassée erweckt den Eindruck: das ist ein Städtchen, das trotz allem noch lebt! Freilich, die Mehrzahl der Bevölkerung besteht aus deutschen Feldgrauen. Zwischen ihnen und den Einheimischen ist ein auffälliger Unterschied: die letzteren stehen zwecklos und mit ängstlichen Gesichtern unter den Türen, die Unseren gehen ruhig ihrer Arbeit nach oder schmauchen, wenn sie

Rast haben, gemütlich ihr Pfeiflein. Manchmal ruft einer: »Obacht!« Dann wird die Straße leer, jeder Lebende drückt sich flink an die Hausmauer – ich bin überrascht, wie schnell ich das lerne – eine unsichtbare Lokomotive schnaubt über die Dächer weg, irgendwo hinter den Häusern kracht es sehr heftig, die Mauern zittern, der Boden schüttert, die Ohren klingen – dann geht man weiter. Die gleiche Sache wiederholt sich nach jeder Minute.

Nun kommt die Quergasse von La Bassée. Die ist beinahe ausgestorben. Wie die Kirche, die schrecklich anzusehen ist, genau so sehen alle Häuser aus. An keinem ist mehr ein ganzes Dach, an keinem eine ganze Fensterscheibe, an keinem eine unversehrte Mauer. Die meisten Häuser stehen leer, mit abgesperrten Türen. Einige sind noch bewohnt. In ihnen hausen Bauersleute, die von den zerstörten Dörfern hereinflüchteten in das Städtchen, irgendeine verschlossene Tür erbrachen und sich einnisteten in den leeren Stuben; wenn sie hungrig werden, gehen sie zu den deutschen Feldküchen. Die paar Frauen, die aus den Fenstern gucken, haben blasse, verstörte Gesichter. Ein bißchen lustiger sehen die Kinder aus. Die benehmen sich wie der Spatz im Mauerloch, huscheln sich in eine Schutthöhle und zwitschern. Auch sie werden bleich, so oft die unsichtbare Lokomotive braust. Aber kaum ist der Donnerschlag vorüber, so lachen sie, zuerst wohl ein bißchen scheu und unbehilflich, aber nach einer halben Minute ganz munter und natürlich.

Aus einer Haustür sieht ein junges, bildschönes Mädel heraus, mit einem Kind an der Hand. In ihrem Gesicht ist wahrhafte Heiterkeit, keine Spur von Sorge. Der Blick, mit dem sie uns ansieht, scheint zu sagen: »Ich weiß, daß ich schön bin. Schönheit ist eine Macht. Mir geschieht nichts. Und geschähe mir was, so würdet ihr fremden Männer springen, um mir zu helfen!« –

Der Blick des schönen Mädchens hat recht. Schönheit ist eine Überwinderin. Wie dieses schöne, junge Geschöpf, so wahrhaft heiter und ohne Sorge darf unsere deutsche Heimat sein. In ihrer Volksseele ist Jugend, Schönheit und Kraft. Und da ihr was Übles zu geschehen drohte, sprangen Millionen deutscher Männer, um ihr zu helfen.

Wieder pfeift die unsichtbare Lokomotive, und hinter zertrümmerten Häusern wirbeln dichte Rauchwolken herauf. Dann erfragen wir's bei der Befehlsstelle: zwei englische Angriffe sind abgewiesen worden, noch ehe sie recht begannen, ich glaube bei Guinchy oder Givenchy, ein paar Kilometer westlich von La Bassée. Weiter nördlich dröhnt und rollt es noch immer, hat noch immer einen erbitterten Klang. Dort scheint noch keine Entscheidung gefallen zu sein. Was hier bei La Bassée noch aufbrüllt in immer länger werdenden Pausen, ist nur der Schlußakkord eines schon zu Ende gehenden Kriegskonzertes.

Von einem Hausgarten, der uns zwischen verwinkeltem Gemäuer etwas Aussicht bietet, sehen wir auf den Äckern die schwarzen Rauchbäume wachsen, sehen über unseren Köpfen die Schrapnellwolken und hören von den Hausdächern das Geprassel der einschlagenden Kugeln, hören das Geplätscher von Schutt und Scherben. Nicht weit vom Gartenzaun schlägt eine Granate ein, ganz nahe huscht ein scharfes Zischen vorüber und das Sprungstück fährt in die Hausmauer.

Es scheint, eine Beschießung durch die Engländer ist eine für Unbeteiligte, die abseits stehen, nicht völlig gefahrlose Sache. Die britische Kugel nimmt häufig einen anderen Flug, als es die Engländer wünschen. Nach allem, was ich von deutschen Offizieren höre, stehen und fechten die Engländer im Nahkampf besser als sie im Fernkampf schießen. Ein paarmal zischt es lehrreich an uns vorüber, und ich gewinne innerhalb weniger Minuten die beruhigende Überzeugung, daß die deutschen Batterien, die augenblicklich von den Engländern »beschossen« werden, viel sicherer sind als meine harmlose Bürgerhaut, die weit davon entfernt ist.

Auf dem Rückweg zum Auto geht's immer hart an der deckenden Häuserzeile hin. Kaum sitz' ich im Wagen, da spring' ich wieder heraus. Ein Feldgrauer bringt zwei gefangene Engländer eskortiert. Sie enttäuschen mich. Wenn die anderen von Kitcheners »Millionenarmee« nicht wesentlich männlicher aussehen als diese beiden, dann sollte man für das englische Heer auch einige Kindergärtnerinnen anwerben. Der eine ist ein achtzehnjähriges Bürschlein, nur käsehoch, mit Säbelbeinen; er watschelt wie eine Ente und weckt die Erinnerung an Falstaffs berühmte Rekruten.

Der andere – nein, ich kann nicht spotten – dieser andere ist ein schlanker hübscher Mensch von etwa zwanzig Jahren, trägt den schlaff hängenden linken Arm mit einer Schuhschnur an die Brust gebunden, wandert mühsam und hat den Ausdruck eines quälenden Schmerzes im jungen schmalen Gesicht. Das ist kein Feind mehr, das ist ein leidender Mensch. Ich sage ihm rasch, daß er nimmer weit bis zu dem Hause hat, wo ein deutscher Arzt ihm helfen wird. Er lächelt mit blassem Mund, sein Wort und seine Augen danken.

Dann bringt man drei andere. Die sind besser gewachsen, sehen kräftig aus. Zwei von ihnen sind verwundet, und die feldgraue Eskorte war so barmherzig, die Tornister dieser beiden dem dritten aufzuladen, einem festen und gesunden Kerl, der aber das harte Schleppen nicht zu lieben scheint. Er sieht sehr mißmutig drein und schwitzt unter den drei gewichtigen Tornistern wie ein Maulesel unter vielen Getreidesäcken. Dem vergönn' ich es. Jeder Tropfen seines

Schweißes soll ihn brennen, wie Reue brennt!

Hinter uns verstummt das Kriegsgewitter von La Bassée. Weiter nördlich dröhnt es noch immer weiter. Schließlich übertönt das Geräusch des Wagens auch dieses ferne Murren.

Bei der Einfahrt in Lille ist der Abend noch hell, kaum sechs Uhr vorüber. Doch alle Läden sind schon geschlossen, die großen und hübschen Straßen sind völlig menschenleer. Das sonst so muntere Lille sieht aus wie eine Märchenstadt aus Tausendundeiner Nacht, wie eine Stadt der unsichtbaren Magier, wie die Stadt der verzauberten, in einen fernen Weiher verwunschenen Fische.

Mit dieser frühen Polizeistunde und dem Entgang des Abendbummels muß Lille jene Begriffsverwechslung büßen, deren es sich beim Durchzug der französischen Gefangenen schuldig machte.

Die gute Lehre wirkte bereits. Als vorgestern neuerdings dreihundert französische Gefangene durch die Straßen von Lille geführt wurden, benahm sich die einheimische Bevölkerung geradezu musterhaft. Eine Krankheit mag heißen, wie sie will – wenn man das richtige Medikament erwischt, so hilft es immer! –

Für heute genug! Morgen will ich zu erzählen versuchen, was ich gestern erlebte.

6.

14. März 1915.

Am Nachmittag des 10. März, als ich in La Bassée war und aus nördlicher Richtung schweren Kanonendonner vernahm, mußten die Deutschen nicht weit von Lorgies, in dem von zahlreichen Drainierungskanälen durchschnittenen Sumpfgelände von Neuve Chapelle, einen Schützengraben aufgeben, eine von jenen nassen »Mausfallen« und »Granatenschachteln«, die gegen schweres Artilleriefeuer nicht zu halten sind. Es handelte sich dabei um eine für die Kriegslage an der westlichen Front völlig bedeutungslose Sache, um jenes wechselnde, dem Schachspiel gleichende Hin und Her, das im Stellungskriege mehr durch die Bodenbeschaffenheit als durch ein Übergewicht militärischer Kräfte bestimmt wird. Man kann an den Verlust dieses Grabens vielleicht den Vorwurf knüpfen, daß die mißgünstige und unhaltbare Stellung nicht schon früher verbessert wurde. Aber nach vorwärts war Boden von verläßlicher Beschaffenheit nicht zu gewinnen, und nach rückwärts, wenn es sich auch nur um einen Kilometer handelt, korrigiert sich der Deutsche nicht gern. Nun mußte dies am 10. März unter dem Zwang eines wahrhaft höllischen Artilleriefeuers geschehen, und die Zähigkeit, mit der die Unseren die schwierige Stellung bis zum äußersten zu halten suchten, führte zu an sich nicht wesentlichen Verlusten.

Ich habe heute in Herlies und Illies viele von den Braven gesehen, die, bevor sie widerwillig den von der Vernunft befohlenen Rückzug aus diesem mörderischen Feuer begannen, viele Stunden unter einem grauenvollen Granatenregen ausgehalten hatten. Wären ihre Gesichter nicht so ernst gewesen, so hätte der wunderliche Anblick ihrer Kleider erheiternd wirken müssen. Die Leute sahen aus wie Soldaten, die sich als Kanarienvögel maskierten. Die Pikrindämpfe der englischen Granaten hatten die feldgrauen Uniformen zitronengelb gefärbt. Einer von diesen Tapferen sagte zu mir: »Ich will so brav werden, daß ich in den Himmel komme, denn ich weiß jetzt, wie es in der Hölle ist!« Ein anderer, dem von der Nervenüberspannung jener Glutstunden ein ruheloses Zucken der rechten Gesichtshälfte geblieben war, sagte wie ein Träumender: »Ich kann es noch immer nicht glauben, daß ich lebendig bin.« Und ein dritter, dem auch in solchen Stunden der Humor nicht völlig entronnen war, sah seine zitronengelbe Hose an und sagte lachend: »Wär's nicht so heiß gewesen, so hätte man glauben können, die Engländer schießen mit faulen Eiern.«

Während ich heute mit diesen Gelbgewordenen redete, ging ein fleißiges Sausen und Brüllen durch die Lüfte. Man konnte in der Minute dreißig und vierzig schwere Schüsse zählen. Fast nur die Deutschen schossen. Jetzt waren sie es, die den Engländern die gefährliche »Granatenschachtel« heiß machten. Von der feindlichen Stellung war nur lückenhaftes Feuer zu hören. Sehr bescheiden ging es da drüben zu, viel bescheidener als im englischen Tagesbericht über den »Sieg von Neuve Chapelle«. Das Ergebnis dieser englischen Errungenschaft wird ein Wirrsal zerrissener Erde mit tausend trübselig blickenden Wasseraugen sein.

Der kleine Erfolg hatte die Engländer ein bißchen übermütig gemacht. Sie hatten verschmeckt, was ihnen als

Erfolg erschien, und wollten es weitertreiben. Da schob man ihnen am 12. März einen deutschen Balken über den Weg. Ich hab' es hören und sehen dürfen, wie dieser stählerne Riegel zu klirren begann und sich vorschob.

Nach der Mittagsstunde war's. Ich saß bei der Arbeit, um vom toten Dorfe bei Arras zu erzählen. Da läutet's. Ich werfe die Feder fort und packe den Regenmantel, die Kappe und das Glas. Zwei Stabsoffiziere nehmen mich in ihr Auto. Der Wagen hat Eile. Wir brauchen bis nach Fournes la Coquerelle nur eine halbe Stunde, obwohl der Weg beengt und die Fahrt behindert ist durch endlose Batteriezüge und Munitionskolonnen.

Unter verhülltem Himmel, dessen Dunstwolken nach Westen jagen, lenkt eine wundervolle Rüsternallee von der Landstraße ab und führt zu einem Schlosse, dessen Bau und Park an englischen Stil erinnert. Fast alle Bäume sind angesplittert, viele schon umgeworfen. Das Schloßdach hat Löcher, und zerschmetterte Fensterscheiben sind durch Papier ersetzt. Der Wagen hält, und nun hört man den Kanonendonner. Ununterbrochen rollt er über Herlies her und weckt im treibenden Gewölk ein grollendes Echo. Die beiden Stabsoffiziere treten ins Haus; mich fesselt eine braune Sache, die ich im Hof gewahre: eine Doppelreihe gefangener Engländer. Viele halbwüchsige Bürschlein sind dabei; auch von den anderen ist keiner so hoch gewachsen wie die Ulanen, von denen sie bewacht werden. Ein junger, schlanker, etwas zart gebauter Unteroffizier hat den Kopf verbunden, Stirn und Wange sind blutig; manchmal schließt er für eine Weile die Augen und blickt dann wieder ruhig vor sich hin. Alle anderen sind unverwundet, und alle haben etwas Ähnliches in den hageren, glattrasierten Gesichtern. Sie erinnern an die Exzentrikgymnastiker, die man bei uns im Zirkus oder im Variété zu sehen bekommt.

Unter den Feldgrauen, die um die braunen Engländer herumstehen, befindet sich ein langer sächsischer Sanitäter mit schwarzem Backenbart. Der sagt:

»Ich habe den Haß gegen Ängland in mir genährt wie ene Mudder ihr Gind. Aber nu sin se gefangene Fainde. Da muß man das reen Mänschliche im Ooche behalten. Das heeßt, eens muß ich schon saachn, s ä h r viel Germanenvettrisches ham se n i c h !«

Die Weisheit des braven Sachsen wird sofort durch einen überzeugend wirkenden Vorgang bewiesen. Unter dem rollenden Kanonendonner geht ein scharfes Sausen durch die Luft. Immer näher kommt es, sehr nahe – und plötzlich, wie auf einen stummen Befehl, werfen sich alle Engländer, ausgenommen den jungen verwundeten Unteroffizier, platt auf den Boden hin. Achtzig Schritte seitwärts platzt die Granate, es dröhnt, und Rauch wirbelt auf – dann ist es ein bißchen still, und in diesem Schweigen huschen an uns zwei Kaninchen vorüber, die unbekümmert um Krieg und Menschennähe ihr temperamentvolles Liebesspiel betreiben. In etwas unbehaglicher Stimmung erheben sich die vorsichtigen Engländer vom Boden, und die Deutschen, von denen keiner den Kopf duckte, brechen in heiteres Gelächter aus. Auch Spottworte regnet's, sehr derbe, und einer von den Ulanen zieht hinten seinen Hosenboden spitz hinaus – eine Geste, die so deutlich ist, daß sie auch den Engländern nicht unverständlich bleibt. Sie gucken verdrießlich drein.

»Nee!« sagt der lange Sachse ernst. »Nur geenen Spott nich! Wir wollen Godd danggen, daß wir die ausgiebichere Gurasche in Laibe haben. Aber nich überhäben! Das widderschpricht der reen mänschlichen Wierde. Ängland hat sich, als es den Grieg an Deitschland erglärte, als en unzurächnungsfähiches Gind erwiesen. Und Ginder sin furchtsam. Man muß da immer das reen Mänschliche im Ooche behalten.«

Der lange Sachse gefällt mir sehr. Während ich ein Gespräch mit ihm beginne, kommen Ulanen angeritten und galoppieren wieder davon. Radfahrer sausen durch das Parktor herein und hinaus, Autos rauschen zum Haus und rasseln weiter, aus dem Schloß und aus den Ställen klingen befehlende Stimmen, und immer donnert und dröhnt es, in allen Richtungen sieht man die Rauchbäume wachsen, und das Sausen in den Lüften wird eine unendliche Melodie im Stile Richard Wagners.

Nun jagen auch wir davon. Eine heiße Erregung befällt mich, und ich fühle den glühenden Wunsch, zwanzig Augen zu haben – mit dem armseligen Paar, das ich besitze, kann ich nicht alles sehen. Denn was da geschieht und an mir vorübergleitet, ist wie ein Falkenflug.

Neben der Rüsternallee gewahr' ich einen großen Granatentrichter, der nicht vorhanden war, als wir kamen. Nun sind wir wieder auf der Straße, fahren gegen Herlies und kommen nur langsam vorwärts inmitten dieses lärmenden Gewühls – nein, kein Gewühl ist das, nur Fülle mit allen Stimmen einer straffen Bewegung – alles geht in stählerner Festigkeit und Ordnung an uns vorüber, wie an einem eisernen Seil, rasch und doch in Ruhe, hin und her, voran und zurück.

Der deutsche Stolz erwacht in mir und weitet mir die Augen, weitet meine Brust. Im Auto stehend schau' ich mit einer freudigen Gier hinein in dieses regelfeste Gewimmel. Nebeneinander, in dreifacher Reihe, ziehen die beladenen Munitionskolonnen, die Feldküchenzüge und die Geschützbatterien vor uns hin, und Kolonnen mit leergewordenen Wagen traben gegen uns her. Inmitten dieses ohrenbetäubenden Geratters marschiert im

Schnellschritt ein Bataillon Grenadiere, zieht sich zwischen den Wagenkolonnen schmal in die Länge und formiert sich wieder zu viermannsbreiten Reihen, sobald es Platz gewinnt. Immer hängt dabei die Orgel des Geschützkampfes wie ein tobendes Sommergewitter in den Lüften, deren wehende Schleier dünner werden und manchmal von der für uns unsichtbaren Sonne einen leuchtenden Hauch bekommen. Zur Rechten und Linken der Straße, bald ferner, bald näher, schlagen die Granaten in das kahle Feld. Erde wirbelt auf, die grauschwarzen Rauchbäume fahren in die Höhe, und wenn sie im Winde verwehen, lassen sie einen bitteren Geruch zurück. Es donnert und rollt und dröhnt. Doch unerschütterliche Ruhe bleibt in all den festen, gesunden Soldatengesichtern. Nur die Gäule werden ein bißchen zapplig und müssen fest an die Hand genommen werden. Und immer höre ich heitere Worte und häufig ein kräftiges Lachen – einer pfeift und der andere schwatzt, der eine hat den kurzen Stummel zwischen den Zähnen, der andere läßt sich die Zigarre schmecken, und neben unserem Auto rasselt ein Geschütz, dessen Bespannungsreiter und Kanoniere vierstimmig zusammen singen, halblaut, so daß es in dem knatternden Lärme kaum noch zu hören ist.

Schon sind wir bei den ersten in Scherben geschossenen Häusern von Herlies, zwischen unsagbar zerrupften Mauern, über deren zum Gerippe gewordenen Dächern der Ruinenstumpf des Kirchturms trauert. Da flattert in den dichten Soldatenreihen ein Wort von Mund zu Mund – »Flieger!« – und alle Gesichter sind nach aufwärts gehoben, ohne daß die Bewegung auf der Straße auch nur für eine Sekunde stockt. Jetzt seh' ich ihn auch. Und noch ein zweiter kommt. Das sind Engländer; aber ihre Flugzeuge tragen die französischen Farbenringe – in den Lüften macht es England nicht anders als auf dem Meere, borgt sogar manchmal die deutsche Fliegermarke, das Eiserne Kreuz!

Nun verschwinden die zwei Flugzeuge in den hastig ziehenden Dünsten des Himmels – eines taucht wieder heraus, hängt weiß da droben unter einem Flecklein Blau, fast senkrecht über uns – und da ist mir, als zucke ein feiner, schwarzer, gedankenschneller Strich durch die Luft herab – – –

Geht die Welt zugrunde? Bricht die Erde entzwei? Stürzt mit Donnerdröhnen das Himmelsgewölbe herunter auf uns?

Ein paar Sekunden brauche ich, um meine Sinne wieder zusammenzufinden. Mir war's, als hätte die Fliegerbombe dicht neben uns eingeschlagen. Doch bis zu der Stelle, wo die schwarze, dem Qualm einer Brandstatt ähnliche Rauchwolke aufwirbelt, sind's fünfzig oder sechzig Meter hinüber. Die Bombe ist zwischen das Gewirre der Hausruinen gefallen und hat keinen Schaden an deutschem Leben angerichtet, nur an französischem Eigentum. Gott sei Dank! Die Feldgrauen lachen schon wieder – das ist ein anderes Lachen, als ich es in La Bassée von den erschrockenen Kindern hörte – es ist ein festes, ruhiges Männerlachen; dabei haben die Soldaten harte Arbeit, um die scheuenden Gäule zu bändigen.

Der Flieger kreist da droben in den Lüften – »dieses gottverwünschte Luder!« –, ein paarmal ist er senkrecht über uns, und eine herzzerdrückende Sorge um die Unseren befällt mich. Denn die Ruinengasse von Herlies ist so dicht mit Feldgrauen angefüllt, daß Schulter die Schulter berührt – wenn jetzt eine Fliegerbombe da herunterschlüge – ich kann's nicht ausdenken und muß für einen Moment die Augen schließen, wie der englische Unteroffizier mit dem verbundenen Kopf. Nun geht durch die Reihen der Feldgrauen ein vergnügter Jubel hin – in den Lüften kracht es wie von einer großen Raketengarbe, zwischen den grauen Dünsten und unter den blauen Himmelsflecken pufft in rascher Folge ein Dutzend Schrapnellwolken auf – der Flieger saust in Windungen davon, höher steigend und sich niederwerfend und wieder aufwärts rudernd – einmal ist er von den Schrapnellwolken so dick eingewickelt, daß hundert Feldgraue zu jauchzen beginnen: »Jetzt kommt er, jetzt kommt er!« – da hüllen die grauen Dünste der Höhe den Vogel wieder ein, und er bleibt verschwunden.

Ich stehe beim letzten Hause von Herlies. Weiter darf ich nicht. Wohin soll ich die Augen schicken? Hinauf in die Lüfte, in denen es saust und dröhnt? Hinunter in das nahe Tal von Illies, in dem die großen Weiher der Überschwemmung umschleiert sind vom zerflatternden Granatenrauch? Hinüber zu den Schützenstellungen, wo die Maschinengewehre tacken und die Gewehrsalven knattern? Gegen die dunklen Wälder hin, in deren Schatten man schon die Flammenblitze der explodierenden Geschosse sieht? Oder zu den seltsam verdickten Hecken, hinter deren Stauden lange Munitionskolonnen, Haubitzenbatterien und Infanteriezüge sich decken und auf das Befehlswort harren? Oder soll ich nur dicht vor mich hin auf die Straße schauen, wo Glied um Glied die stählerne Kette der deutschen Kraft, der eiserne Riegel wider die Engländer an mir vorüberklirrt?

Tausende von den Unseren marschieren dem Feind entgegen – doch es kommen auch Feldgraue von da unten herauf, nicht in festgeschlossenen Zügen und nach dem Hundert, nur alle paar Minuten einer oder zwei zusammen. Keiner von ihnen hat ein Gewehr, jeder hat etwas Weißes an sich, am Kopf, am Hals oder an den Händen.

Einen, der ein verzerrtes Gesicht hat und die Zähne hart übereinanderbeißt, muß ich fragen: »Haben Sie Schmerzen?« Er schüttelt den Kopf. »Ick? Nee! Ick ärjere mir nur, daß sie mir fortjeschickt haben!« – Einer kommt, das Gesicht dick verbunden, man sieht nur die Nase und das geschwollene

Maul; und knödelig fängt er von selber zu reden an: »Gelt, so was Saudumms!« Ein Bayer! Ich frage, was ihm geschehen ist? »Mei, es hat a bissel pressiert, und da hab' i mer beim Telephondrahtwickeln 's Messer durch 'n Backen durchig'stochen! Bluathimisakra! Jatz derfen die anderen ebbes loasten, und i muaß hoam! So was Saudumms! Glei' derreißen kunnt i mi! So was Saudumms!« – Einer kommt, der ein bißchen blaß ist und die beiden Hände vor sich hin hält, so wie man achtsam etwas Kostbares zu tragen pflegt; aber diese beiden Hände sind leer, sind dick umbunden, und alles Weiße des Verbandes ist dunkelrot geworden, und rote Tropfen fallen hinunter auf die Straße. Mir fährt ein leiser Laut aus der Kehle. Da lächelt der blasse Deutsche, sieht mich freundlich an und sagt mit Ruhe: »Det wird schun widder!«

Etwas Starkes und Stolzes und Wundervolles faßt mich und rüttelt mich an den Schultern, am Herzen, am ganzen Leibe – ich kann's nicht sagen – immer schreit es in mir: »Zu denen gehör' ich! Zu denen gehör' ich! Nimm mich, liebe Heimat, laß mir um deines Lebens willen die Haut von meinem Leibe reißen, fordere um deiner Zukunft willen den letzten Heller meiner Habe, und in Freude will ich sagen: Das wird schon wieder!«

Ein Klirren und Klingen. Da kommt ein neues Bataillon und löst sich zu einer langen Reihe auf und deckt sich an einer Hecke, damit die feindlichen Flieger, wenn sie wieder kämen, die Zahl der Verstärkungen nicht erkunden könnten. Und wieder eines! Nimmt die Fülle der deutschen Jugend und Kraft, die da an mir vorübermarschiert, kein Ende mehr? Und welch ein Wechsel in diesen jungen gesunden Gesichtern! Derbe Bauerngesichter und feingeschnittene Züge! Klare Blitzaugen und Brillen in Horn, in Silber, in Gold, mit Gläsern, die vom Schmutz und Staub des Marsches ein bißchen schmutzig wurden. Unter vier Feldgrauen ist immer einer, dem man es ansieht, daß er von der Hochschule weglief, um zu seiner deutschen Heimat zu sagen: »Nimm mich!« Deutsches Blut und deutsche Fäuste, deutsches Wissen und deutscher Geist! Aus diesen vierfachen Wunderkräften ist unser Heer zusammengeschmiedet! Aus solchen Erzblöcken ist die stählerne Mauer aufgebaut, die uns beschützt! Was brauchen wir zu fürchten auf Erden? Seht, wie sie hinschreiten, dem Feuer der Feinde entgegen! Für uns! Diese beiden Worte sollte jeder Deutsche in der Heimat, Mann und Weib und Kind, sich dreimal des Tages vorsagen, beim Erwachen, in der Mittagsstunde und vor dem Schlafengehen: Für uns! Und wenn wir alle in der Heimat so fest und verläßlich unsere Pflicht erfüllen wie diese stählernen Männer und diese prächtigen Jungen da, so werden wir fragen können mit ruhigem Lächeln: »Welt, was willst du von uns?«

– Der Wagen, der mich herbrachte, muß heim in die Stadt; die beiden Offiziere müssen ihre Meldungen zum Stab bringen. Ich gehorche gern. Was hätt' ich noch abzuwarten? Der deutsche Riegel klirrt, der eiserne Balken legt sich ein, die stählerne Mauer ist errichtet – ich weiß, wie es kommen wird!

Hinter Fournes holt das Auto den Zug der gefangenen Engländer ein. Der junge Unteroffizier mit dem verbundenen Kopf sieht entkräftet aus. Einer der beiden Offiziere sagt: »Den müssen wir zu uns ins Auto nehmen!« Jetzt sitzt der Braungekleidete vor mir. Bei der jagenden Fahrt macht ihn der rauhe Luftzug frieren und zittern. Ich muß an den braven Sachsen denken und wickle dem schauernden Engländer meinen Regenmantel um Kopf und Brust. So bleibt er unbeweglich. Ich weiß, er hält unter meinem Mantel die Augen geschlossen.

Dann kommen zehn Sekunden brennender Erregung. Ein feindlicher Flieger gleitet quer über die Straße hin, kaum vierhundert Meter hoch, vierhundertfünfzig höchstens! »Herrgott, Herrgott, hätt' ich nur meine Fernrohrbüchse, der Kerl müßte herunter!« Von der Munitionskolonne, die an uns vorüberrasselt, springen die Feldgrauen zu den Alleebäumen und legen an; aber bis sie mit ihren Karabinern zu knallen beginnen, ist der Flieger schon außer Schußweite und steigt wieder. – (Noch am Abend erfuhr ich, daß die beiden englischen Flugzeuge vor Sonnenuntergang bei Illies heruntergeschossen wurden. Und – die »reene Mänschlichgeid«, die der brave Sachse gepredigt hatte, verließ mich vollständig – ich jubelte!) –

Kaum noch vernehmbar murrt hinter uns das eiserne Grollen des Kampfes. Der Himmel klärt sich, und eine rotglühende Sonne, die aus zerfließenden Dünsten rein heraustritt, überflutet die Erde mit gleißendem Gold und verwandelt jedes Bild der Vernichtung in etwas leuchtend Schönes!

Wir fahren durch die leeren Straßen von Lille zur Zitadelle. Der Engländer hat sich erholt und sagt in seiner Sprache: »Ich danke Ihnen!« Das Tor öffnet sich, eine Wache empfängt den Gefangenen, dann klirrt der Riegel.

Mein Mantel ist blutig, ich muß ihn waschen lassen. –

– Arbeiten konnte ich nimmer an diesem Abend. Während der ganzen Nacht vernahm ich den fernen Kanonendonner. In der Morgenfrühe kam die Nachricht: Der englische Durchbruch ist zum Stehen gebracht, trotz vierfacher Übermacht auf feindlicher Seite.

7.

17. März 1915.

Die Fahrt geht an Roubaix und Tourcoing vorüber und durch das nette, von Feldgrauen wimmelnde Meenen. Über die freundliche, sanft geglättete Landschaft streckt sich eine nach der Schnur gezogene Alleestraße hin und erinnert mich an die ersten perspektivischen Zeichnungen, die ich einst in der Schule machte: vorne die zwei Bäume, die in den Himmel wachsen, hinten zwei winzige Besenblümchen und dazwischen eine immer kleiner werdende Leiter; vorne eine Durchfahrt so breit wie der Weg des Lasters, und in der Ferne eine enge Baumschlucht, die dem Pfade der Tugend gleicht.

Weil wir damals in der Schule freihändig zeichnen mußten, ohne Lineal, drum waren alle Linien krumm, die gerade sein sollten.

Genau so ist es auch hier.

Es gibt da keinen Strauch, der aufrecht steht, keinen Baum, der senkrecht zum lieben Herrgott trachtet. Alle Kinder der Natur, Halme und Stauden und Bäume sind vom ewig über das Land her blasenden Meerwind nach Osten gebogen. Sogar die Telegraphenstangen haben was lustig Schiefes.

Dadurch bekommt die Landschaft, in der sich die großen

Flügel vieler Windmühlen wie in ehrgeizigem Wettrennen durch den Nebel drehen, einen ganz wunderlich fidelen Charakter, einen Zug von liebenswürdiger Beschwipstheit.

Freut sich diese Gegend, weil die Schrecken des Krieges barmherzig und schonungsvoll an ihr vorüberschritten?

Manchmal sieht man auf den Feldern die Erdwälle von kurzen Schützengräben, die hastig geschaufelt und schnell wieder verlassen wurden.

Aber keine verwüstete Kirche ist zu gewahren, kein zerschossenes Haus, keine Brandstätte, kein Mauerschutt und kein Trümmerhaufen.

Ruhig stehen die hübschen Dörfer mit den farbigen Häuschen inmitten sprossender Saaten.

Die erwachsenen Leute sind bei der Arbeit, und vor den Haustüren stehen kleine blondhaarige Mädelchen in großen Holzschuhen.

Das Bild dieser Menschen und die ganze Landschaft mutet germanisch an, und überall an der Straße reden die Wirtshausschilder eine Sprache, die ein Deutscher versteht, auch ohne daß er Flämisch lernte: »*In 't wite Kruis*« (Zum weißen Kreuz), »*De dree Linden*«, »*De niuwe meiboom*«, »*Vlaamsh bierhuis*«, »*De Zomerbloem*« (das Sommerblümchen), und ganz besonders freundlich grüßt mich ein Schild: »*De landgenoot*« – der Landsmann!

Eine doppelte Freude ist in mir: die Freude, auf germanischem Boden zu sein, und die Freude, nach Bildern des Krieges, die ich sah, nun wieder – wenn auch nur für ein kurzes Aufatmen – friedliche Bilder des Lebens schauen zu dürfen.

Nun geht die Fahrt den schönen, gut gepflegten Wäldern

entgegen, hinter denen Brügge liegt, die matt gewordene Perle einer großen flandrischen Vergangenheit.

Wie wird sich auf diesem historischen Boden die Zukunft gestalten? Wird unter kraftvoller Führung wieder aufblühen, was Jahrhunderte politischer Zerrissenheit versinken ließen und in wehrloser Ohnmacht der fortschreitenden Versandung preisgaben? Ist der Krieg nur Vernichtung? Regen sich in ihm nicht auch Kräfte, die beleben, erneuern und frisch erschaffen?

Ich schließe die Augen; alle die mächtigen, Herz und Nerven erschütternden Gesichte der letzten Tage gleiten wieder an meiner Seele vorüber, und inmitten dieses huschenden Panoramas von Zerstörung und Vernichtung klingt mir, gleich einer wegweisenden Glocke, das Verheißungswort einer klaren und ruhigen Mannsstimme:

»Der Krieg ist hart, aber er wird auch Großes bringen. Alles Starke, wenn es gerecht ist, muß sich belohnen. Wir haben noch immer schwere Arbeit zu leisten, doch ich glaube, daß das Schwerste bereits getan ist.«

Diese Worte hörte ich von jenem deutschen Heerführer, dem wir seit der Erlösungsschlacht in den Vogesen begeisterte Dankbarkeit und ein erhöhtes Maß von Verehrung entgegenbringen, und der auch in den schmerzvollen Stunden schwerster menschlicher Prüfung ein aufrechter Held blieb und das stählerne Wort von der Zeit sprach, in der man handeln muß und nicht trauern darf.

Die Bilderflucht meines Erinnerns zeigt mir das Quartier des jungen siegreichen Heerführers, des Kronprinzen Rupprecht von Bayern.

Still die Straße, still der Garten, auch still das Haus.

Die mahnende Stimme eines unsichtbaren Hüters scheint da immer zu flüstern: »Nicht laut sein, nicht stören!«

Ein Doppelposten steht vor dem Gartentor, und im Hause sieht man zwei Diener.

Der Tag unter diesem Dache ist militärische Arbeit, Vortrag und Beratung, nur unterbrochen durch den Ausritt zu den Stellungen an der Front.

Mittags speisen die Generale des Stabes mit dem Prinzen, am Abend sind im Wechsel die höheren Offiziere des Kommandos zu einer Tafel von acht oder zehn Gedecken geladen.

Der Salon des abgereisten Besitzers dient als Empfangsraum. Inmitten einer typisch französischen, dem Empirestil nachempfundenen Einrichtung gewahrt man mit Vergnügen zwei Dinge, die gut münchnerisch sind: Adolf Hengelers »Tagebuch von 1914«, jene entzückende, aus vaterländischem Zorn und spielender Ironie geborene Künstlergabe – und auf dem Marmorgesimse des prunkvollen Kamins, zwischen kostbaren Bronzen, liegt neben einer kleinen Spielmarkenschachtel ein heimatliches Remedium für müde Abendstunden, in denen der Kopf sich ausruhen möchte – ein nicht mehr ganz neues Päckchen bayerischer Tarockkarten. – Heimat ist Heimat; bei allem, was in der feindlichen Fremde die Erinnerung an das Heimatliche wachruft, schätzt man das Wertvolle und das Bescheidene mit einander ebenbürtigen Ziffern ein.

Das köstliche Werk Meister Hengelers und diese sechsunddreißig Kartenblättchen hatten für mich, wenn auch nicht die gleiche kunstgeschichtliche Bedeutung, so doch den gleichen Gefühlswert des Augenblickes. Ich empfand so was Ähnliches, wie es unsere Feldgrauen in ihren feuchten und dunklen Lehmhöhlen fühlen, wenn sie ein kleines, zerknittertes, von daheim gekommenes Zettelchen zärtlich streicheln und glätten, um dann leise und inbrünstig zu singen:

»In der Heimat, in der Heimat,
Da gibt's ein Wiedersehn!«

– Während im Empiresalon die paar Gäste sich versammeln, klingt durch die Glaswand des anstoßenden Raumes die Stimme eines vortragenden Offiziers, und manchmal hört man eine rasche und knappe Zwischenfrage des Kronprinzen. Auch diese Worte, wie streng und ernst ihr Klang ist, haben heimatliche Wärme.

Nun kommt er – eine schlanke, straffe Soldatengestalt, lebhaft und elastisch. In der Art, wie er die Gäste begrüßt und mit ihnen plaudert, ist heitere Freundlichkeit.

Sieben Kriegsmonate, die Fülle des Geschehens und der militärischen Verantwortung, wie auch persönliches Erleben und Überwinden haben diesen charakteristischen Fürstenkopf noch schärfer gemeißelt, noch herber geformt. Die blaugrauen Augen sind von einer Ruhe, die wie ein Schleier ist. Doch immer wieder leuchten sie bei raschem Gespräche blitzartig auf, und dann hört man auch immer ein Wort, das man sich merken muß, weil etwas Starkes und Aufrichtendes aus ihm redet.

Bei der Tafel, deren paar Gänge die heimatliche Küche durch gefüllte Kalbsbrust und echt Münchnerischen Kartoffelsalat angenehm in Erinnerung bringen, herrscht der gleiche, aus Ruhe und Heiterkeit gemischte Ton. Flattert ein munteres Wort auf, ein kleiner Scherz, so schmunzelt man. Dann wird wieder ernst von den militärischen Dingen des Tages gesprochen.

Nach der Mahlzeit, bei der Zigarre, ist alles Soldatische vom Gespräche ausgeschieden. Das berührt wie eine unausgesprochene Verabredung: man will aufatmen, will Gehirn und Nerven rasten lassen, will sich erfrischen an einem herzlichen und wohltuenden Lachen. Man plaudert von daheim, von freundlichen Vergangenheiten. Eine Wendung im Gespräch bringt es, daß der Kronprinz mit Humor und voll wirksamer Anschaulichkeit von allerlei tollem Übermut zu plaudern beginnt, von manchem lustigen Streich seiner Jugendjahre. Doch immer bleibt in dieser sprudelnden Heiterkeit etwas ernst Verschleiertes, eine verhüllte Sehnsucht, die man empfindet, obwohl sie sich nie mit einem Worte äußert. Und manchmal, nach lebhaftem Erzählen, wird er plötzlich stumm, und die blaugrauen Augen blicken ernst, als möchten sie die Schrift einer weiten Ferne lesen. –

Zwei Offiziere kommen. Der Kronprinz erhebt sich.

»Ich habe noch zu tun!«

Mit herzlichem Händedruck verabschiedet er sich von jedem seiner Gäste.

Mehrere Tage später. Ich kam in die Villa, um mich vor meiner weiteren Fahrt für das freundliche Entgegenkommen zu bedanken, das mir so viel gegeben, mir eine fast unbeschreibliche Fülle von Bildern dieses großen Ringens um Leben und freie Zukunft des Deutschtums gezeigt hatte.

Ein Schimmer linder Frühlingssonne glänzte um die hohen Fenster des Empiresalons, während der Kronprinz mit mir sprach. Den Inhalt dieser Stunde will ich fest bewahren. Vieles, was ich hörte, muß ich in mir verschließen; manches darf ich sagen und muß es sagen, weil es für das Leben in der Heimat wegweisend, aufklärend und hilfreich ist.

Ein stolzes Aufleuchten in den blaugrauen Augen des Kronprinzen.

»Unser Heer! Das ist ein Menschenmaterial, mit dem man alles, auch das fast unmöglich

Scheinende leisten kann, wenn man es richtig macht und die rechte Stunde wählt. Die wird kommen. Man darf nur in der Heimat den Erscheinungen gegenüber, welche durch die Lage der Dinge hier verursacht werden, nicht allzu kritisch sein. Die Situation ist für uns eine ganz verläßliche. Daheim beurteilt man das nicht immer in zutreffender Weise. Wenn wir von der Heimat Geduld und gläubiges Ausharren erwarten, dann verlangen wir weniger, als wir selbst im Felde hier zu leisten haben. Glauben Sie mir, wir im Felde hier, besonders wir Führer, liefern Geduldproben, mit denen die doch wesentlich ungefährlichere Geduld, die man in der Heimat beizusteuern hat, den Vergleich nicht aushält.«

Ich kam auf die Skrupellosigkeit unserer Feinde in der Wahl ihrer Kampfmittel und ihrer politischen Schachzüge zu sprechen.

Der Kronprinz lächelte.

»Politische Moral ist ein Fremdwort. Es kommt nur darauf an, wie man's übersetzt. Bei uns Deutschen heißt es ›Gewissen‹, bei den Engländern heißt es ›Erfolg‹. Unter allen Völkern sind die Engländer in der Politik am brutalsten. Aber man kann nicht leugnen, daß sie mit dieser gegen alle Völker gleich rücksichtslosen Brutalität eine häufig sehr erfolgreiche Nüchternheit beim Rechnen vereinigen. Doch passiert es manchmal auch diesen gewiegten Rechnern, daß sie theoretisch das für ihren Vorteil Richtige erkennen und in der Praxis das Falsche, ihnen Schädliche ausführen. Ich glaube, so geht es ihnen jetzt. In uns Deutschen wohnen Kräfte, die für die Engländer am 4. August noch eine dunkle Ziffer waren. Darum haben sie sich verrechnet.«

Wir sprachen von der psychischen Erneuerung, die der Krieg und die Größe seiner deutschen Ziele in den

Lebenskräften und im Wesen unseres Volkes hervorrufen; und sprachen auch von den materiellen Härten, durch die der Krieg eine große Zahl von Existenzen erschüttert.

»Allen schwer erträglichen Härten zum Trotz ist dieser Krieg ein Gesundbrunnen für unser Volk!« Die Stimme des Kronprinzen hob sich. »Alles Gute und Lebensfähige stärkt er, alles Schwächliche belebt er neu, alles hilflos Ungesunde bläst er fort. Richtet sich nicht viel Wertvolles jetzt wieder auf, von dem man im letzten Jahrzehnt besorgen konnte, daß es für immer lahm geworden wäre?

Alles Angekränkelte, das sich vordrängte, verschwindet. Man ist jetzt in der Heimat doch wohl erlöst von allem überreizten Ästhetentum und aller manierierten Dekadenz!

Wegen solcher Dinge hat man sich übrigens viel mehr Sorge gemacht als notwendig war. Gar so arg, wie es für manche aussah, war es nicht. Die frische, prachtvolle Jugend, die jetzt mit den Rekrutennachschüben ins Feld kommt, beweist es mir. Solche Menschheitskrankheiten sind Wellen, die kommen und vergehen. Im großen und ganzen ist es meine Überzeugung, daß der Mensch immer der gleiche bleibt, sich nur in seinen äußerlichen Lebensmodalitäten ändert, gestern zum Schlechteren, heut wieder zum Besseren.

Und dann kommt es auch darauf an, ob man solche Erscheinungen mit alten oder mit jungen Augen ansieht. Alte Augen sehen das Vergängliche schärfer, junge Augen erkennen deutlicher das neue Werden. Auch liegt es immer im Wesen der Menschen, zu hoffen, daß das Kommende besser sein wird als das Gegenwärtige ist, und zu glauben, daß das Gegenwärtige schlechter ist als das Vergangene war. Jede Entfernung verklärt. Und wie in rein menschlichen

Fragen, so ist es auch in politischen Dingen.

Ich habe alte Männer oft sagen hören: Im Jahre 70/71 wäre es nicht so gewesen wie in den Befreiungskriegen, nicht so groß, einheitlich und heilig. Und jetzt sagen die Altgewordenen: So wie es 70/71 war, so ist es heute nicht, weder so heilig noch so groß.

Ich glaube, es war vor hundert Jahren und vor fünfundvierzig Jahren und im vergangenen August ganz das gleiche: deutsche Kraft, die sich aufstreckte in der Not, deutscher Wille, der zu Eisen wurde, und deutsche Energie, die sich nicht beugen läßt und beharrlich bleibt, ohne im Glück übermütig oder unter einem Rückschlag verzagt zu werden.«

Ein freies, ruhiges Auflachen des Prinzen. Dann ein kurzes, nachdenkliches Schweigen.

»Viele haben es hart daheim, ich weiß. Was man in einem so schweren Krieg zu überstehen hat, das ist kein Bett auf Rosen. Es ist auch ein zweifelhafter Trost, zu sagen: daß es unsere Feinde nach allen Niederlagen noch schlechter haben als wir, die wir nach den bereits errungenen Erfolgen bald den endgültigen Sieg erhoffen dürfen. Aber man sollte doch vergleichen: wie es hier aussieht, unter allem Kriegsschreck im Land des Feindes, und um wieviel besser es daheim in Deutschland ist, das, ein paar Grenzstriche angenommen, von allem verschont blieb, was der Feind unter dem Kriege leiden muß.

Für viele daheim ist's eine harte Zeit. Vieles, was man verlieren mußte, ist unersetzlich. Aber materielle Verluste kann man doch wirklich bei dem Gedanken verschmerzen und überwinden, daß eine große Zukunft den Verlust wieder ersetzen wird. Ich weiß, daß gerade unsere engere

Heimat, der deutsche Süden, sehr empfindlich leidet. Es gibt da nicht viele Industrien, die auf die Arbeit für den Heeresbedarf umsatteln können. Kunst und Kunsthandwerk, Luxusgeschäfte und Fremdenindustrie haben bittere Zeiten durchzumachen. Ich hoffe, unsere Kunst und unser Kunsthandwerk werden diese Prüfungsmonate mit ungebrochenen Kräften überdauern.

Und was die Fremdenindustrie anbelangt – wer weiß, ob da der Krieg nicht gerade für uns Münchener etwas sehr Gutes und Heilsames brachte? Ein reichflutender Fremdenverkehr ist gewiß etwas Angenehmes und Nützliches. Aber wenn sich eine große Stadt und ein ganzer Landesteil fast ausschließlich auf den Fremdenverkehr einrichten würde, so ist auch immer die Gefahr dabei, daß Zeiten kommen können, in denen der Verkehr stockt und die Fremden ausbleiben. Unser liebes schönes München wird nach dieser Erfahrung ein bißchen umlernen müssen. Ich bin überzeugt, daß München auch nach dem Kriege die Kunststadt bleiben wird, die es war, und ich hoffe, daß es daneben eine Stadt der deutschen Arbeit sein wird, die in ihrer Blüte unabhängig ist von allem Fremden.«

Beim Abschied, als der Kronprinz mit festem Druck meine Hand umspannte, sagte er: »Erzählen Sie nur zu Hause, wie der Krieg aussieht: Je deutlicher Sie es sagen, um so mehr wird man daheim aufatmen. Daß unser Volk durch dick und dünn durchhalten wird, daran hab' ich noch keine Sekunde gezweifelt. Ein paar Ungeduldige und Wehleidige? Was macht das aus! Das Volk im ganzen fühlt seine deutsche Pflicht. Und Pflichtgefühl und Geduld sind immer zwei Dinge, die zusammengehören wie Schwestern. Wenn wir recht und fest unsere Pflicht erfüllen, dann ist die Geduld von selber dabei. Oder haben Sie hier bei uns im Feld schon einen Ungeduldigen gesehen?«

»Nein, Königliche Hoheit! Nur Sehnsüchtige.«

Der Kronprinz nickte:

»Das ist was andres. Wär's nicht so, dann wären wir doch keine Deutschen. Sie, Herr Doktor, werden wohl früher nach Hause kommen als ich. Grüßen Sie von mir die Heimat!« –

Als ich das Quartier des fürstlichen Heerführers verließ, war's im Osten blau, und die Mittagssonne überglänzte die dicken Meernebel, die von Westen schon wieder herquollen über die Dächer der Stadt. Dann ging die Fahrt hinein in diese ziehenden Dünste, und bevor es dämmern wollte, tauchte eine feine, schmucke, wundervoll von alten Zeiten redende Stadt vor mir auf. Keine Spur von Zerstörung, alles ein Bild des Friedens. Und überall die Heimlichkeiten einer Vergangenheit mit deutschem Gesicht! Auch die vielen vergnügten Kinder auf der Straße scheinen Deutsch zu reden, obwohl ich ihr lustiges Geschrei nicht verstehe. Und deutsche Blaujacken bewachen die Autosperre, deutsche Blaujacken hüten das alte kleine Tor; überall seh' ich sie gehen, mit den Händen in den Hosentaschen, mit ruhigen, wettergebräunten Gesichtern, mit nackten Hälsen, mit wehenden Bändern hinter den deutschen Seemannsmützen. – Und am Abend, in einem Kreise deutscher Marineoffiziere, vernahm ich Dinge, die mir das Herz froh und heiß machten, und hörte das ruhig rechnende und eben deshalb so tief erquickende Wort des Kommandierenden Admirals:

»Wir haben zu Beginn des Krieges vieles unterschätzt, aber eins haben wir überschätzt: die englische Flotte!«

8.

20. März 1915.

Es hat in der Nacht geschneit. Gegen vier Uhr morgens ist noch alles weiß, aber ein lauer Wind weht über das flandrische Land, schwarze Flecken wachsen schon aus dem weißen Schnee heraus, und zwischen den dünner werdenden Wolken glänzen einige Sterne mit lebhaftem Zitterschein.

Das Auto muß ohne Lichter fahren, ganz langsam, um wenig Lärm zu machen und um den vielen Granatentrichtern auf der Straße ausweichen zu können. Vorne auf dem Kühlkasten des Wagens sitzt ein Marinesoldat, der mit einem elektrischen Taschenlaternchen umherleuchtet und alle paar Minuten halblaut das gleiche Wort ruft: »Vorsehen!« Dann schwankt der Wagen wie ein Betrunkener, taucht hinunter in plätscherndes Wasser, richtet sich wieder auf, und in tiefem Dunkel geht die achtsame Reise weiter auf guter Straße. Trotz der Finsternis ist der Weg nicht zu verfehlen; links und rechts stehen die vom Meerwind schief gebogenen Alleebäume, und außerhalb dieser schwarzen Ruten leuchten die von der Überschwemmung breitgewordenen Wassergräben. Manchmal ist auf eine Länge von zwanzig oder dreißig Schritt ein entsetzlicher Geruch zu spüren; er kommt von den aus dem Wasser ragenden Kadaverteilen, die als unerquickliche Inselchen den glatten Grabenspiegel unterbrechen.

Schwerfällig wackelt das Auto durch die nachtstille Ruine eines Dorfes. Die Soldaten, die hier im Quartier liegen, hausen in wasserdicht ausgemauerten Erdlöchern, die sie durch schwere Vorbauten aus Quadern und durch Wälle aus Sandsäcken geschützt haben. Ich öffne an solch einem Unterschlupf die Türe, leuchte mit dem elektrischen Laternchen hinunter und sehe kauernde Männer, in den Mänteln zu Gruppen aneinandergelehnt, die an altdeutsche Darstellungen der schlafenden Jünger auf dem Ölberg erinnern. Neben dem Unterstande ragen mit sinnlosen Konturen die spärlichen Überreste einer zerstörten Kirche in den grau werdenden Himmel. Ein Passionsbild des Krieges.

Noch eine kurze Fahrt, dann hält das Auto und fährt leer zurück, um vor Tagesanbruch eine Deckung zu erreichen. Drei junge Offiziere, die uns erwartet haben, treten zu uns. Einer macht dem General, dessen Gast ich bin, eine Meldung mit halblauter Stimme. Diese Dämpfung des Wortes ist nicht Vorsicht, nur ein Zwang des ernsten Platzes und der dunklen Stunde; auf zwei Kilometer ist hier kein Feind in der Nähe. Alles ist eine grauschwarze, von weißen Spiegelflächen durchsetzte Öde. Zur Rechten und Linken der Straße ziehen sich gebuckelte, verwinkelte und völlig leblos erscheinende Erdgebilde in das Dunkel hinaus. Das ist die deutsche Stellung am Damm des Yserkanals. Noch ein paar Schritte, und ich sehe zwischen zerfetzten Ufern den breiten Strom, dessen schwarzes, still rinnendes Wasser mit leisem Glucksen die Trümmer einer gesprengten Brücke und die Balken des Notsteges umspült. Drüben die Mauern und Sparren eines halbzerstörten Bauernhauses, eine Brandruine, ein schwermütiges Moorland mit Gewässer und Büschen, und weit draußen ein flackerndes Feuer – für die unbewaffneten Augen sieht es aus wie ein schwelendes Gluthäuflein, im Glase wird es zu einer mächtig lodernden

Flamme. Was brennt da? Ein Haus, eine Scheune, nur eine Strohmiete? Man kann's nicht erkennen. Ein paar Male bewegen sich kleine schwarze Figürchen rasch durch den Feuerschein – Vorposten oder Patrouillen. Und manchmal kracht ein Gewehrschuß, bald nah, bald ferne.

Wir schreiten auf sumpfiger Straße durch die erblassende Nacht, in der die flimmernden Sterne sich mehren. Die Lüfte sind so mild, als käme ein schöner Tag. – Oder ist nur mir so schwül! Von der Erregung, die in mir brennt? – Der Schnee, der um Mitternacht fiel, ist fast völlig verschwunden; nur an einzelnen hügeligen Stellen liegt er noch, und da sieht man häufig in dem reinen Weiß die zwei schwarzen Striche kleiner Kreuze. Der Boden, über den wir schreiten, hat viel Blut getrunken, war durch Monate die Stätte der zähesten Kämpfe und ist die Gegend jenes berüchtigten »Froschteiches«, in dessen Überschwemmungssümpfen so viele der Unseren und noch mehr der Feinde versanken. Eine schmerzende Erinnerung wühlt in mir. Totenstille umgibt mich, und dennoch ist mir, als vernähme ich den in Begeisterung brausenden Gesang vieler Tausender von jungen Stimmen: »Deutschland, Deutschland über alles!« Ich bring' es nicht übers Herz, zu fragen: »Wo ist das geschehen?« Während ich schweige, suchen meine Augen im Dunkel. Überall seh ich die gleiche Öde, die gleiche schwermutsvolle Trauer, in deren grauem Riesengesicht die zahllosen Wasserflächen wie große, von Tränen umflossene Augen schimmern. Kann das Wort eines Gegners zum Troste werden? Damals, als dieses Schmerzvolle und dennoch Heilig-Schöne geschah, sagte ein feindlicher Führer: »Man muß das bewundern! Wo tausend Deutsche sinken, stehen zehntausend wieder auf!« Unsere Gegner haben viel über uns gelogen – dieser eine sprach eine deutsche Wahrheit aus! – Was da hinzieht über die stillen Moorflächen? Sind das die wehenden Schwaden des

Frühnebels? Für meine träumenden Augen sieht es aus wie ein rasch und fröhlich schreitender Millionenzug von grau gekleideten Männern und Jünglingen. Und in der Stille, die mich umgibt, hört meine Seele ein jubelndes Siegeslied: »Deutschland, Deutschland über alles!«

An meiner Seite sagt eine halblaute, ruhige Soldatenstimme: »Der Tag kommt, wir müssen Deckung nehmen!«

Auf einige hundert Meter sind wir bei der feindlichen Stellung. Zu sehen ist sie nicht. Die Ruinen verbrannter Fermen, Baumreihen, Hecken und Büsche verschleiern den von Dixmuiden nach Nieuport führenden Eisenbahndamm, hinter dem die Belgier und Engländer liegen. Bei Namscapelle fährt aus der grauen Morgendämmerung ein langer Feuerstrahl heraus, und nach geraumer Zeit hören wir fast zu gleicher Zeit den Abschuß und den dröhnenden Einschlag der Granate. Dabei zittert der Boden ein bißchen. »Das Morgengebet!« Es hat begonnen und nimmt kein Ende mehr.

Die Sterne sind verschwunden, der Himmel ist klar und hell geworden, der Morgen frisch. In der Kälte bedecken sich die Straßenränder mit Reif, die seichten Wasserflächen mit Eiskrusten. Am östlichen Horizont entzündet sich ein langer orangefarbener Glutstreif und verwandelt alle Dinge, die vor ihm stehen, in zierliche, tintenschwarze Silhouetten. Auch das Wasser des Yserkanals, den wir bei erwachendem Tag erreichen, ist noch immer schwarz. Ein Soldat paddelt in einer kleinen Zille und pfeift ein Liedchen, während er die Fischreusen hebt, die er am Abend auslegte. Ich überschreite den Notsteg, und plötzlich wird das schwarze Wasser des Kanals, das die Glut des Morgens spiegelt, zu einem leuchtenden Blutstrom. Ein wundervolles Bild! Ich möchte stehen bleiben und schauen, aber wir müssen weiter. Zur

Linken und Rechten seh ich hinein in die hinter dem Damme liegenden Schützengräben – die verwinkelten Erdgebilde, die mir in der Nacht völlig leblos erschienen, sind Schulter an Schulter besetzt, und bei den Maschinengewehren und Schiffskanonen üben die Bedienungsmannschaften. Ich höre Befehlsworte, höre heitere Stimmen, höre munteres Lachen, und in der Kühle des Morgens durchrieselt mich ein warmes, wohliges Sicherheitsgefühl.

Geduckte Gestalten, mit Blechkesseln an den Armen, springen flink über offenes Feld zur Ruine einer Ferme hinüber, hinter deren Mauerzacken eine Feldküche dampft. Der Übelduft verwesender Viehkadaver mischt sich mit dem Wohlgeruch eines schmackhaften Frühstücks. So wirbelt der Krieg alle Gegensätze zwischen namenlosem Grauen und liebenswürdigem Wohlbehagen durcheinander.

Die Nebel sind verschwunden, eine strahlende Sonne steigt. Ein Frühlingsmorgen voll Glanz und Schönheit! Kleine Vögel singen, und einmal ist mir, als schlüge eine Nachtigall. Der ganze Himmel ist blau, und dennoch donnert es immer wie bei einem Hochgewitter in den Hundstagen. Große Schwärme von Kiebitzen kommen angeflogen, kreisen und gaukeln in den Lüften und spazieren vertraulich auf den grünen Inseln umher, die aus den von Sonne glitzernden Überschwemmungsflächen herauslugen. Es sind der scheckigen Vögel so viele, daß auch ein Mathematikprofessor sie nicht zu zählen vermöchte. »Jetzt legen sie bald. Da werden die Unseren im Ysergraben an jedem Morgen frühstücken wie Bismarck am 1. April.«

Unter wachsender Sonne eine zweistündige Fahrt durch wundervolles Frühlingsgelände. So schön ist dieser Morgen, daß sein Glanz auch alle Trümmerstätten und Ruinen in schimmernde Kostbarkeiten verwandelt.

Und dieses von zartem Duft Umwobene, dieses zauberhaft Leuchtende, dem wir immer näher kommen? Dieses Gewirre von strahlenden Firsten, von goldenen Mauern, von gleißenden Turmzinnen? Ist das ein Märchenland, eine Sonnenstadt des Paradieses, eine ewige Heimat des Glückes?

Nun verschwindet das Herrliche hinter zerrissenen Hecken und sonderbar ausgefransten Hügelkämmen. Ist das Gewitter aus den Lüften heruntergefallen, hat es den Himmel blau gemacht und tobt es sich unsichtbar auf der Erde aus? Bei dem ruhelosen Knallen und Dröhnen muß ich wieder einmal an das »lustige Scheibenschießen mit Böllerschüssen« denken. Immer die Köpfe duckend, marschieren wir sehr hastig einen Kilometer weit durch den Hohlweg einer von Granatentrichtern zerrissenen Bahnstrecke. Guckt man durch einen Erdschnitt oder durch die Lücke einer Hecke seitwärts hinaus, so sieht man Viehkadaver liegen, die von Kiebitzen umflattert sind. – Als die schweren Oktoberkämpfe hier begannen, weideten auf diesen Wiesen große Rinder- und Pferdeherden. Unter dem Feuer der Geschütze und Maschinengewehre fraßen sie ruhig weiter. Alle fielen. Was der Sieger verzehren konnte, nahm er. Der Rest blieb liegen – zehnmal mehr, als genommen wurde. Wie wird es hier riechen, wenn heiße Tage kommen?

Auf der Bahnstrecke sind viele Eisenbahnschienen losgerissen und zu seltsamen Ornamenten gebogen, untermischt mit zusammengeschnurrten Telephondrähten und zerschmetterten Telegraphenstangen. Der Boden des Bahndammes glitzert und funkelt, wie besät mit kleinen und großen Smaragden – mit den Scherben und Splittern der grünen Glasisolatoren. Wohin man zur Linken und Rechten des Dammes sieht, überall liegen Haufen von Tornistern und Waffen, von belgischen Uniformstücken und französischen Matrosenmützen; dazu überall das Bild einer grauenvollen Maulwurfsarbeit, ein unübersehbarer Irrgarten von Sumpflöchern, Wasseraugen, Granatentrichtern, verlassenen Schützengräben und zickzackförmigen, noch offenen oder schon wieder zugeschütteten Sappengängen. Jedem Schützengraben ist es deutlich anzusehen, daß er von den Feinden ausgehoben und gegen Osten verteidigt, dann von den Deutschen erobert, umgedreht und gegen Westen gerichtet wurde. Alle die zugeschütteten Sappengänge sind Massengräber, in denen zu Hunderten die gefallenen Belgier und Franzosen liegen. Wo die Unseren bestattet wurden, das zeigen die kleinen Kreuze an – viele sind es, viele, viele – ein Deutscher, der diese Kreuze sieht, muß den Kopf entblößen und die Hände ineinanderklammern und muß beten, mag er ein Glaubensloser oder ein Gläubiger sein. Alle Bilder verschwimmen mir und meine Augen sind naß, während einer der führenden Offiziere mir von den schweren Kämpfen zwischen dem 21. und 25. Oktober erzählt. – Haben die deutschen Wälder so viel Eichenlaub, um diese Gräber so zu schmücken, wie sie es verdienen? – Während ich hinschaue über diese, vom Frühling schon grün umhauchten Todesstätten, sind immer und immer jene beiden Dankworte von Herlies in mir: »Für uns! Für uns!« Und mit dem Schauer vor den Bildern, die ich da aufsteigen sehe, mischt sich die dankbare und ehrfürchtige Bewunderung der deutschen Tapferkeit, die alle Hindernisse siegend überrannte und jeden feindlichen Widerstand zu Boden warf.

– Wir müssen weiter. Schon sind ein paar unsichtbare »Rollwägelchen« über unsere Köpfe hinübergebraust – zwei von jenen Granaten, die in der Luft so sonderbar wackelnde Geräusche verursachen, als überschlügen sie sich immer. Nun beginnen dort, von wo wir kamen, unsere Haubitzen zu antworten. Welch ein festes, ruhiges Brausen ist das in der Luft! Und von den vielen deutschen Geschossen, die unsichtbar hinüberreisen zum feindlichen Ufer des Yserkanals, versagt nicht ein einziges. Am Klang des Sausens kann man es immer anrechnen, wann das Dröhnen des Aufschlags kommen wird – »Jetzt!« – und da drüben donnert es schon!

Immer mahnt eine Offiziersstimme: »Schneller, Herr Doktor, schneller, schneller!« Aber wie soll man schauen, wenn man so rennen muß? Und da ist etwas Furchtbares, an dem man so schnell nicht vorüberkommt. Das Geleise ist gesperrt durch einen gewaltigen Kehrichthaufen zermalmter Eisenbahnwagen; die Lokomotive hat einen Purzelbaum geschlagen und ist auf den eigenen Zug gesprungen; alle Wagen sind in Siebe verwandelt, durchlöchert von Schrapnellkugeln, zerrissen von Granaten; und einer ist durch das in der Nässe ausgewachsene Getreide umgezaubert in einen grünen Garten. Auch hier wieder ein Gewirre von umhergestreuten Tornistern, Feldflaschen und Käppis, von belgischen und französischen Uniformstücken. Viele tragen die Nummer 151. Unter den feindlichen Verluststücken liegt ein einziger deutscher Helm. »Der ist noch gut,« sagt einer der Offiziere und hebt ihn vom Boden auf, »den muß man an die Sammelstelle abliefern.«

Der zerrissene Bau einer Güterhalle trägt den Namen der Station in der alten, vlamischen Schreibart: »Diksmuiden«. Auf der Ruine des Bahnhofsgebäudes heißt es französisch: »Dixmude«. Auch eine von den Errungenschaften, die das vlamische Belgien dem Franzosentum zu verdanken hat. Und symbolisch ist sie! Von dem Eisenbahntempel, in welchem Frankreich die Ellbogen breit machte, ist nimmer viel übrig geblieben: zerrissene Mauern, zerfetzte Möbel, zersplitterte Bilder und Spiegel. Jedes Bureau ist ein Wirrsal von kleingeklopftem Gerät und zahllosen Aktenfetzen, von umhergestreuten Fahrkarten und Abonnementsscheinen.

Nun trete ich auf den Bahnhofsplatz hinaus, sehe die Straße, die zum Rathaus führt, und stehe wie gelähmt, bis ins Innerste erschrocken und erschüttert.

Was ich da gewahre, jetzt, in der Nähe? Ist das die leuchtende Heimat des Glücks, die goldene Sonnenstadt des Paradieses und jenes funkelnde Märchenland, das ich vor einer Stunde aus dem Duft der Ferne hervortauchen und schimmern und winken sah?

Ach, Sonne, Sonne, du zärtliche Lügnerin! Du ewige Trösterin des vom Schreck verschüchterten Lebens!

Dieses furchtbare Vernichtungsgesicht, von dem jetzt die Nähe den mildernden Schleier der Ferne gerissen, ist nicht zu schildern. Hier versagen alle Behelfe der Sprache. Schuttwüsten und Trümmerhaufen, Schreck und Grauen, Zerstörung und Untergang – was bedeuten diese kleinen Worte? Nichts, nichts, nichts gegen die namenlose Wahrheit, die ich da sehe!

9.

20. März 1915.

Erinnert euch an alles, was ich seit drei Monaten an Zerstörungswerken des Krieges geschildert habe, von Audun le Roman bis zum »Friedenspark« von Hollebeke und bis zum toten Dorfe bei Arras – erinnert euch an diese hundert Bilder des Grauens, und dann sagt: »Das alles war nichts, war nur ein ungeschicktes Kinderspiel, nur eine Lehrlingsarbeit des Krieges!« Was ich jetzt sehe, ist sein Meisterwerk im Zerbrechen und Vernichten. Erst diese kleingehämmerte, tote, versunkene Stadt Dixmuiden zeigt mir, was Untergang unter den Stürmen des Krieges bedeutet.

Das schildern? Es ist unmöglich. Ich will keinen Versuch machen, will nur zum Geleit für die Schritte, die mich an diesem endlosen Gemenge von Trümmern und Schutt vorüberführen, Wort für Wort vor mich hinsagen.

In der Ruinengasse, die zum Rathaus leitet, können Menschen über dem Erdboden nicht mehr wohnen. Der letzte Einwohner von Dixmuiden ist längst verschwunden. Unsere Reserven, die hier ausharren müssen, hausen in den gewölbten Kellern. Um in dieser Finsternis ein wenig Licht zu haben, holten die Soldaten aus den zerstörten Häusern die noch unzerbrochenen Spiegel, alle blanken Bleche und polierten Holzflächen heraus und befestigten sie in schräger

Stellung vor den Kellerlöchern, als Reflektoren der Himmelshelle. Ein Soldat sagt zu mir: »En bißche Licht, un denn is man ooch widder zufrieden!«

Die Trümmergasse ist leer; nur manchmal sieht man einen Feldgrauen aus einem Kellerloch herausschlüpfen und im anderen verschwinden. Ich frage einen: »Wieviel von den Unseren sind denn noch hier?« Der Soldat – ich glaube, ein Hallenser – sagt lachend: »Genugg, daß mer's aufhalten, die annern!« Ein deutsches Wort! Und nicht nur von Dixmuiden gilt es. Nicht nur vom heißen Boden am Yserkanal. Es gilt von Belfort und vom Wasgenwald bis nach Ostende und Zeebrügge.

Nun kommt, was im Oktober noch ein feines, prunkvolles gotisches Rathaus war. Was es jetzt ist, weiß ich nicht zu sagen. So sinnlos sieht es aus! In dem vom Sparrenwerk des Daches noch übrig gebliebenen Gerippe steckt – wie ein Kinderpfeil in der Binsenscheibe – ein schlankes, prächtiges Türmchen, mit dem Fuß nach oben, mit der Spitze nach unten. Und nicht weit davon ist ein Rätsel der Mechanik zu sehen. Eine große Granate, viele Zentner schwer, die einen Dachfirst zerschlug, ohne zu explodieren, ist über den Rest des Daches heruntergekollert und quer auf einer faustdicken Latte im Gleichgewicht liegen geblieben. Macht eine Detonation der Beschießung das zertrümmerte Gemäuer zittern, so schaukelt die Granate eine Weile und schwebt dann wieder ruhig in der Luft. Das ist so unwahrscheinlich, daß man lange hinsehen muß, bevor man es glauben kann.

Über den Marktplatz geht ein verlassener Schützengraben, mit einem Wall von Pflastersteinen; und eine Schuttstelle, die früher ein hübsches Haus gewesen, ist verwandelt in den gewaltigen Trichter einer deutschen Brummergranate.

Am verwichenen Abend hatte ich mir in Brügge eine

Mappe mit Ansichten von Dixmuiden gekauft, wie es früher war. Und nun sitze ich an der linken Ecke des Marktplatzes auf einem Steinhaufen und vergleiche die Bilder von einst mit den Bildern von jetzt. Sie gleichen einander wie Haus und Grab, wie Leben und Tod. Keine Spur von Ähnlichkeit ist mehr vorhanden. Das Heftchen zeigt mir eine wundervolle gotische Kirche. Wo ist sie? Das aberwitzige Ruinengewirre, das hinter den Trümmern des Rathauses von ehemals hervorragt? Ist das die schöne Kirche gewesen? Eine schmerzende Trauer umklammert mein Herz. Und während ich so sitze, stumm, und immer dieses grauenvolle Bild des Untergangs betrachte, ist hoch aus den Lüften herunter das knatternde Geräusch einer Flugmaschine zu hören. Sonst, wenn ich diesen Ton vernahm, suchten meine Augen immer gleich in der Höhe. Was kümmert mich jetzt der Flieger? Immer muß ich zu diesem grauen, unsagbaren Ding hinüberschauen, das eine Kirche und ein Rathaus und die schmucke Front eines städtischen Platzes war. Da sagt einer von den vier Offizieren, die bei mir sind: »Wir müssen weg da! Der Flieger hat eine Schwenkung gemacht, er hat uns gesehen.« Wir wandern davon, schräg über den Platz hinüber, und kaum sind wir in der anderen Ecke, da saust es über unseren Köpfen, und hinter uns ist ein brüllender Teufel los. Genau bei dem Steinhaufen, wo wir vor drei Minuten noch gestanden, fährt die schwarze Rauchwolke auseinander.

In der Trümmerallee, durch die wir kommen, ist ein Lazarett in einem ehemaligen Weinkeller eingerichtet. Ein paar Schritte weiter, und ich sehe einen grotesken Gegensatz. Im Hause eines Schlächters, über dessen Ladentür als Handwerkszeichen ein großer Ochsenschädel prangt, hat eine Granate das obere Stockwerk auseinandergerissen und die ganze Einrichtung auf die Straße geschleudert; eine zweispannenlange Mädchenpuppe ist mit dem Spitzenhemdchen am rechten Hornzinken des Ochsenschädels hängen geblieben. Kann auch sein, daß die Soldaten das Püpplein so aufhängten. Dann ist es ein Beweis für den Humor, mit dem unsere Feldgrauen in solcher Umgebung ausharren.

Wieder dröhnt eine Granate. Wir springen durch ein von Schutt übergossenes Gärtchen und kommen zu einem Damm aus Sandsäcken. Der führende Offizier mahnt immer wieder und wieder: »Ducken! Ducken! Ducken!«

Nun sind wir im Schützengraben, beim Wall der Yser, deren Lauf die Stadt von der Vorstadt trennt. Die Stellung ist nicht in den Boden eingeschnitten, sondern geht über die Erdfläche hin, gegen die feindliche Seite durch Gemäuer und feste Brustwehren aus Quadern und Sandsäcken geschützt. So zieht die Stellung durch Häuser und Gärten, durch einen Turm, durch ein Brückentor, durch eine Kapelle. Das ist wieder, wie es im Mittelalter war; genau so muß es ausgesehen haben, wenn im sechzehnten Jahrhundert eine Stadt oder Burg verteidigt wurde. Nur Kostüm und Waffen sind ein bißchen anders.

Ich gucke durch die Scharte eines Stahlschildes und sehe die den blauen Himmel spiegelnde Flut der Yser, sehe die feindliche Stellung, die nur dreißig Meter von uns entfernt ist, sehe die gleichen Steinwehren und Sackmauern wie herüben. Aus den Schlitzen der stählernen Schilde ragen die Gewehrläufe heraus; und schießt da drüben einer, so sieht man einen matten Feuerblitz und ein bißchen Rauch. Über die feindliche Brustwehr starren die Hausruinen empor, und zwischen dem Schuttwerk trauern die Reste einer Wirtschaft mit dem Namen: »*Duc de Lorraine*«. Und immer saust es und dröhnt, immer knallt es. Um besseren Ausblick zu haben, benütze ich den Winkelspiegel, eine längliche Holzröhre, deren oberes Spiegelauge über den Saum des Waldes hinausragt; aber der Apparat pariert nicht recht; während der Benutzung bekam er drei Streifschüsse; der Holzkasten ist zersplittert, der Spiegel blieb unversehrt.

Nun ein Kontrastbild, wie ich es vom Argonnenwald bis Ostende noch nicht gesehen habe. Dicht beim Schützengraben liegt ein hübscher kleiner Garten. Der ist verwandelt in einen freundlichen, mit vielem Grün gezierten Friedhof der deutschen Helden. An die zwanzig, die am Yserdamm die jungen Augen im Kampfe für die Heimat schlossen, liegen da bestattet. Die geschmückten Hügel, die frischen Buchsrabatten und die kleinen Kreuze schimmern schön und friedlich in der Sonne des reinen Frühlingstages. Und zwischen diesem leuchtenden Friedhof und dem Kapellchen, durch das der Schützengraben geht – und unter dem Sausen und Dröhnen der Granaten und bei dem ununterbrochenen Gewehrgeknatter, das ruhelos die bleiernen Todesboten über den stillen Lauf der Yser hin und her wirft, sitzen im Schutze der Kapellenmauer drei Hallenser Reservisten unter freiem Himmel an einem Tisch – und spielen Skat. Die Kartenblätter, obwohl sie so abgegriffen sind, daß man Rot und Grün fast nimmer unterscheiden kann, leuchten in der Sonne wie goldene Täfelchen, und aus den glänzenden Gesichtern der drei Spieler redet gemütliche Ruhe und alles Behagen einer köstlichen Frühlingsstunde. Ich gucke dem Spiel eine Weile zu und frage: »Na, wie wär's denn? Könnt' ich da nicht als Vierter ein bisserl mitspielen?« Die Drei – mein Sprachklang mag ihnen meine süddeutsche Heimat verraten haben, und die Vorstellung, daß ein Bayer Skat spielen möchte, scheint ihnen etwas so unglaublich Komisches zu sein wie der Versuch eines Dromedars, auf der Mandoline zu konzertieren – die Drei legen ihre Kartenblätter fort, gucken zuerst verwundert an mir hinauf und fangen dann so herzlich zu lachen an, daß ihr Gelächter das Knallen der

Gewehrschüsse übertönt.

Dieses heitere Lachen begleitet mich und bleibt in mir. Ich hör' es noch immer, obwohl es schon längst erloschen ist im Dröhnen der immer rascher aufeinanderfolgenden Granaten. Schlag auf Schlag. Rauch wirbelt auf, und überall kollern die Mauerbrocken. Die Sache wird ungemütlich, es gibt keinen sicheren Weg mehr, und schließlich müssen wir in einen Keller hinunter. Da kommt – in einem Raum, in dem man nicht aufrecht stehen, aber behaglich sitzen kann – eine seltsam anheimelnde Stunde. Das Talglicht, das man auf die Tischplatte klebte, wirft einen matten Flackerschein durch das Kellerdunkel und läßt den Rotwein in den gastlichen Gläsern funkeln, die klein sind, aber gerne und oft gefüllt werden. Beim Schwatzen und Erzählen vergißt man völlig, daß es da droben über unseren Köpfen immer dröhnt und donnert. Das Gebäude und die Kellermauern zittern. Und plötzlich gibt es auch bei uns herunten einen festen Krach – das Bett, auf dem drei Offiziere saßen, ist zusammengebrochen. Etwas Rotes tröpfelt – der Burgunder. Man lacht über dieses kleine Satyrspiel der Kriegstragödie.

Die Beschießung mindert sich nicht. Ihr Ende ist nicht abzuwarten, wir müssen hinauf und an die Rückfahrt denken. Seit dem Morgen sind ein paar hundert Granaten auf die Trümmerhaufen von Dixmuiden niedergefallen. Sie haben keinen Lebenden beschädigt, nur ein paar Tote aus ihren Gräbern gerissen – drei Granaten fielen in jenen sonnigen Garten mit den kleinen Kreuzen. Sonst ist an den weiten Trümmerstätten nach diesem stundenlangen Kleinklopfen des Schuttes kein Unterschied gegen früher zu gewahren.

Wieder erschüttern mich die Bilder namenloser Vernichtung, während wir flink von Ruine zu Ruine springen und uns bei jedem Sausen in den Lüften hinter einem noch festen Gemäuer zu decken suchen. Und da pfeift es wieder einmal gegen uns her. Hinter der Schuttstätte des Domes springe ich in eine gewölbte Stube, an der die ganze Straßenwand schon herausgerissen ist. Mit einem Husch der Augen gewahre ich zerfetzte Geräte, einen zertrümmerten Schreibtisch, zerschmetterte Bücherkasten, zerknüllte Heiligenbildchen und einen fast tischhohen Wust von Schutt und umhergestreuten Büchern. Hier muß ein Prälat gewohnt haben. An einer weißen Wand, die noch steht, aber schon viele Sprünge hat, ist ein Kruzifix befestigt – das grün bemalte Christusfigürchen, das den linken Arm schon verloren hat, hängt von dem schwarzen Kreuzholze nach vorne heraus, haftet nur noch am Fußnagel und droht mit jedem nächsten Augenblick in den wüsten Schutt herunterzufallen. Ein dumpfes Dröhnen. Staub wirbelt, die Mauern zittern und Mörtel bröselt von den zerrissenen Wänden. Das schwarze Kreuzholz an der Wand ist leer – der kleine grüne Heiland hängt am verknüllten Messing eines leise schaukelnden Kerzenlüsters und fällt – nun liegt er auf meinem Arm, und ich halte ihn fest.

Ein kunstloses, naives Schnitzwerk ohne Handelswert! Und armlos, von Schuttstaub überkrustet, von Steinsplittern und Glasscherben zerkratzt! Ich hab's nicht fertig gebracht, dieses Figürchen hinfallen zu lassen auf den üblen Schutt, es der völligen Vernichtung preiszugeben. Das mißhandelte Holzbild war mir lieb geworden in diesen dröhnenden Sekunden. Ich nahm es mit. Hab' ich mich dadurch der Plünderung schuldig gemacht? Dann bin ich bereit, zehnfachen Ersatz zu bieten. Aber ich gebe meinen kleinen grünen Herrgott von Dixmuiden nimmer her, ich will ihn behalten, so lang ich lebe.

– Noch ein bedenklicher Weg durch verwüstete Gassen; ein flinkes Springen von Deckung zu Deckung. Dann dröhnten die Granaten hinter uns, immer ferner. Und immer leiser wurde das Pfeifen der Sprungstücke.

Aus dem Ende einer Trümmerstraße traten wir hinaus auf das freie Feld zwischen der zerstörten Stadt und der nahen Bahnstrecke. Und da sah ich ein Frühlingsbild, dessen Grauen mich schaudern machte und dessen seltsame Schönheit mich doch überwältigte.

Zwischen mächtigen Wasserflächen, die vom lauen Winde gekräuselt waren und von Sonne blitzten, sah ich leichtgebuckelte grüne Wiesen. Ihre zarte Frühlingsfarbe schien tausendfältig überstreut zu sein von kleinen schwarz und weiß gesprenkelten Steinchen, von großen braunroten Knospen der Gänseblümchen und von weißen Herbstzeitlosen. Und je weiter die Wiesen sich in die Ferne dehnten, um so mehr der Herbstzeitlosen schienen da zu blühen; schließlich verschwand das Grün der Wiesen völlig und alle Ferne wurde weiß, gleich einem Schneefeld, das in der Sonne glänzt. Doch manchmal, wenn der Donner einer schweren Granate die Luft erschütterte, flogen die gesprenkelten Steinchen und die weißen Herbstzeitlosen in dichten Schwärmen von der Erde auf und waren Tausende von Kiebitzen und viele Tausende von Möwen. Nur die großen braunroten Knospen der Gänseblümchen blieben unbeweglich auf dem Boden und waren Hunderte von verwesenden Pferden und Rindern. Über ihnen gaukelten die Wolken der unzählbaren Vögel auf und nieder und hin und her. Und wenn das donnernde Rollen verstummte und die sonnige Luft wieder ruhig wurde, sanken die Vogelschwärme zu den Säumen der leuchtenden Wasserflächen und auf die grünen Wiesen hin und bedeckten alles Tote wie mit einem Blütenregen des ewigen Lebens.

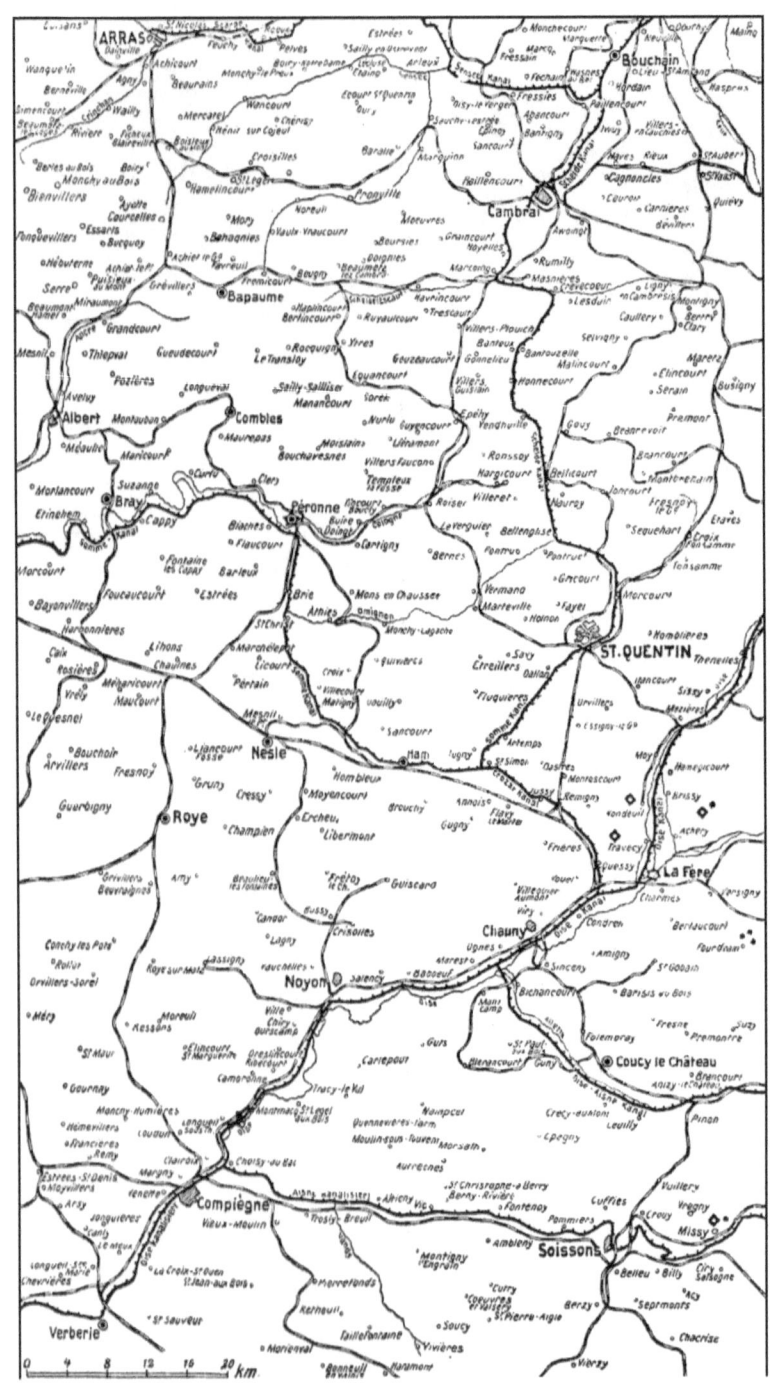

An Somme und Oise

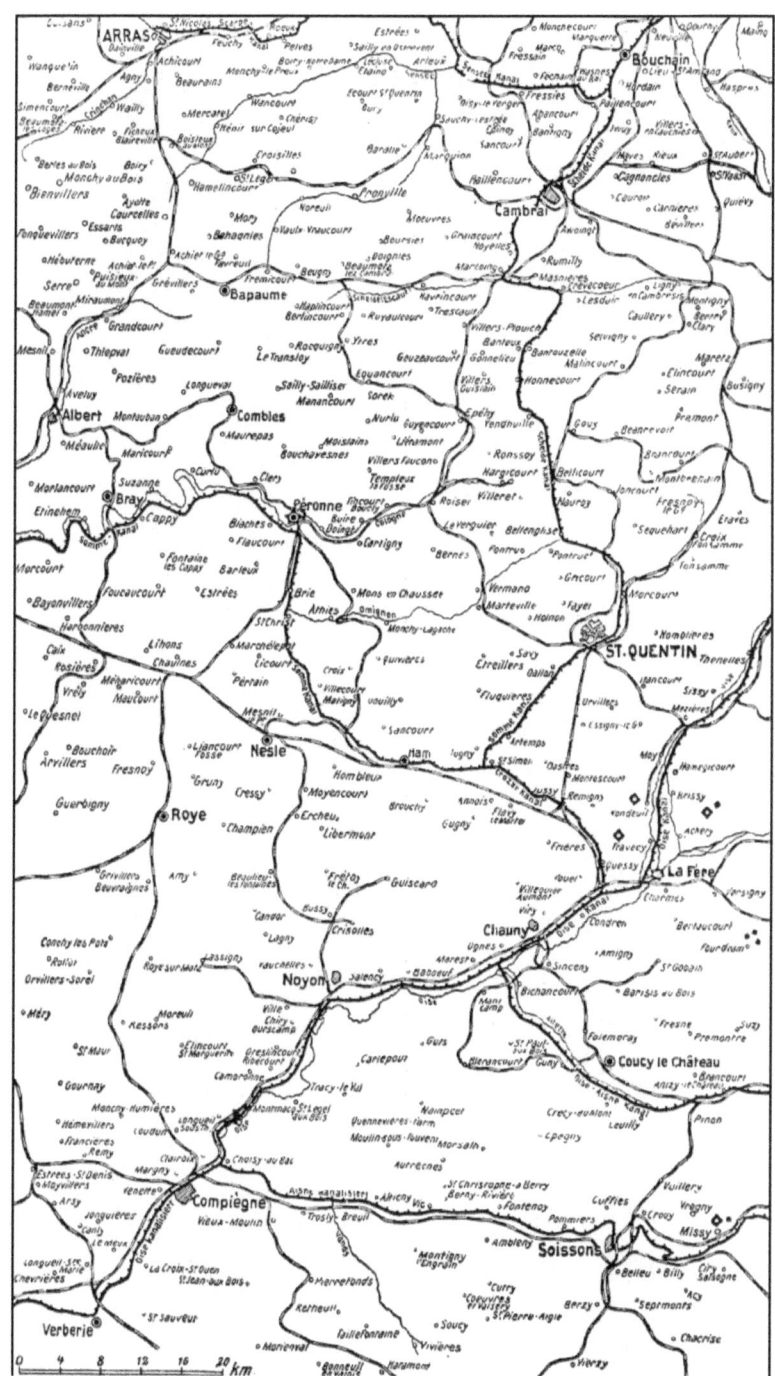

Von Ostende bis Arras

— — —

Als erster Band der Kriegsberichte
von Ludwig Ganghofer erschien

Reise zur deutschen Front

*

Die Fortsetzung dieses Werkes
bildet das vorliegende Buch

Die stählerne Mauer

*

In Vorbereitung befindet sich als
dritter Band

Die Front im Osten

*

Jeder Band 1 Mark

Ullstein & Co
Berlin SW 68

www.ingramcontent.com/pod-product-compliance
Lightning Source LLC
Chambersburg PA
CBHW020159170426
43199CB00010B/1108